EURÍPIDES

Andrómaca

Introducción de José Luis Navarro
y Gemma López Martínez

Traducción de José Luis Navarro

EDICIONES CLÁSICAS
MADRID

Primera edición 1998

c/ San Máximo 31, 4º 8
Edificio 2000
28041 Madrid

I.S.B.N.: 84-7882-312-3
Depósito Legal: M-3085-1998
Impreso en España

Imprime: EDICLÁS
c/ San Máximo 31, 4º 8
28041 Madrid
Encuadernación Cayetano
Mateo García 29. Madrid

ÍNDICE

INTRODUCCIÓN

Argumento

Tras la destrucción de Troya, los griegos regresan a su tierra. Los principales caudillos van acompañados de distinguidas mujeres de la realeza troyana. Así Casandra, hija de Príamo acompañará a Agamenón, Hécuba, la esposa de Príamo, hará lo propio con Ulises y Andrómaca, esposa de Héctor, llegará hasta Ptía acompañando a Neoptólemo, el hijo de Aquiles.

Neoptólemo tiene ya su legítima esposa, Hermíone de la que sin embargo no logra tener descendencia. Algo que sí ha sucedido, en cambio, al unirse con Andrómaca, una mujer mayor en edad que Hermíone y muy maltratada por los acontecimientos de Troya.

Hermíone no puede soportar esta situación y planea deshacerse de Andrómaca y de su hijo Moloso. Para ello pide ayuda a su padre, Menelao, caudillo de Esparta, quien colabora gustoso con su hija. A punto de consumarse el crimen aparece Peleo, esposo de Tetis, padre de Aquiles, abuelo de Neoptólemo y en cierto modo bisabuelo de Moloso quien da al traste con los planes asesinos de Hermíone y Menelao. Este regresa a Esparta en tanto que su hija reflexiona sobre la atrocidad de su plan e intenta suicidarse. Se lo impide su Nodriza.

Contra todo lo esperado irrumpe en escena Orestes que en su camino hasta el santuario de Zeus en Dodona se detiene a preguntar por Hermíone, su prometida de antaño. Es ella misma quien le contesta y quien pide su ayuda para salir de la difícil situación en que se encuentra. Orestes se la lleva lejos de Ptía al tiempo que le comunica sus intenciones de atentar contra Neoptólemo, lo que le permitirá igualmente casarse con la propia Hermíone.

Peleo que había liberado a Andrómaca y a Moloso, escucha al final de la obra el relato del mensajero que informa sobre el atentado mortal sufrido por Neoptólemo en Delfos. Este se derrumba hundido irremisiblemente hasta que su esposa la nereida Tetis irrumpe radiante para proponer un final feliz para todos. La excepción lamentable es Neoptólemo, muerto ya para siempre a quien no se le deja más consuelo que unos funerales regios y un enterramiento digno de su rango.

Personajes

1. *Andrómaca*

Mujer madura, marcada por el sufrimiento pero sin perder nunca la entereza. Varias veces a punto de derrumbarse, finalmente nunca cae. Siempre tiene una reserva de energía física y psíquica y mental que le permite salir adelante. En su soledad están presentes los dos ausentes; Héctor por el que siente el amor de esposa que nunca perdió y Neoptólemo, el padre de su hijo, al que no ama pero al que respeta de acuerdo con las normas establecidas. No debemos confundir su *soledad* con su *debilidad*; sabe sacar fuerzas de flaqueza para darle la réplica a Hermíone primero y a Menelao después; es pues, una mujer de temple, al modo de otras importantes heroínas de tragedia. La actriz que da vida al personaje deberá esforzarse por transmitir esos dos sentimientos; de un lado la soledad y el desamparo y de otro la energía y la capacidad para reaccionar.

2. *Hermíone*

Un personaje singular dentro de la amplia galería de figuras del drama griego. Aunque muestra rasgos totalmente contrapuestos a los de Andrómaca, no puede decirse aquí que el autor haya querido presentar un retrato por contraste tan al gusto de otro de los grandes trágicos, Sófocles. No estamos aquí ante una Ismene o una Crisótemis que palidecen frente a Antígona o a Electra.

La hija de Helena es ante todo un personaje desconcertante; bajo una capa de agresividad esconde una debilidad o mejor una fragilidad sorprendente. Por sí sola no es nadie. Necesita el apoyo de su padre; ¡ella, una mujer casada! –primero y de Orestes después. En su primera aparición muestra su fachada; agresiva, altanera, violenta, intrigante y cruel. En la segunda aparece trastornada, en una especie de desvarío que nos permite apreciar que estamos ante una mujer débil, inmadura, insegura, frágil y asustada. El miedo a la reacción del marido la impulsa a un suicidio no consumado. Se agarra a Orestes, y ella misma se encarga de decirlo, como un náufrago se agarra a su tabla de salvación.

3. *Menelao*

Conviene hacer constar que Menelao es el personaje vinculado a la guerra de Troya que más aparece en la tragedia griegas. Aquí tiene una presencia más notable que en ninguna otra. Y aún encajado en la tipología más estereotípica que lo presenta como un personaje segundón y cobarde tiene aquí algunos rasgos que le dan un tinte especial.

Por primera vez aparece como *padre* que apoya sin reservas a su hija. Frente a la pasividad que le adorna en otras tragedias, aquí es un hombre activo; su actividad tiene tintes de innegable crueldad. Es insensible a las súplicas de Andrómaca y de su hijo y ejerce contra ellos *violencia física* y *moral*. Sus palabras y sus gestos son hirientes, sus ademanes, bruscos y sus argumentos parecen los de un consumado sofista. No obstante al final y como de costumbre acaba sin salirse con la suya. No logra dar muerte ni a Andrómaca ni a Moloso. Abandona la escena de un modo un tanto sorprendente, aceptando esa derrota sin la acritud de la que ha ido haciendo gala a lo largo de su intervención. Toda la *tenacidad* expresada en sus largos argumentos se diluye de forma inesperada ante la firme *autoridad* a Peleo.

4. *Peleo*

La auténtica figura de esta tragedia, este anciano fascinante es posiblemente uno de los personajes euripídeos más conseguidos. En un cuerpo viejo el autor ha insertado un espíritu joven. Esta mezcla resulta explosiva y da como resultado un personaje de una personalidad arrolladora cargado de matices.

Peleo se manifiesta como persona sensible y cariñosa con Andrómaca, la mujer que comparte lecho con Neoptólemo, su nieto. Junto a estos sentimientos el anciano hace todo un derroche de *energía* frente a Menelao. Esa energía se traduce en *cólera* y *agresividad* que llega al límite cuando está a punto de golpear físicamente al caudillo espartano. Posteriormente al ver a su hijo muerto Peleo se *derrumba* abatido, hundido, sin reflejos. Toda su *fuerza* para discutir, para resolver situaciones, queda rota cuando contempla el cadáver de Neoptólemo. Ya no puede más. Aunque saca fuerzas de flaqueza cuando el mensajero da a entender que sus noticias son funestas, no puede sostenerse en pie y cae irremisiblemente. Sólo la intervención de Tetis le confortará y le devolverá la entereza.

5. *Orestes*

Aparece aquí el hijo de Agamenón y Clitemnestra hasta cierto punto al margen de la trama en la que solemos encontrarlo en otras tragedias. No se trata aquí de encontrar a la hermana, ni conspirar contra la madre. En su camino a Dodona y de forma casual Orestes pregunta por Hermíone, su prometida, y se encuentra de golpe y porrazo con ella. Orestes desempeña aquí una vez más sin embargo ese rol que llamaremos «tabla de salvación» a la que se agarra una mujer en apuros –sea Electra en otras tragedias, sea aquí Hermíone. Orestes desempeña la función con *más entereza* que en otras obras, y ello porque no va acompañado del escrúpulo y los remordimientos que son sus frenos para actuar en otras situaciones. Aquí Orestes está ante todo *tranquilo, sereno*, sintiéndose dueño de una situación relativamente fácil para él. Siguiendo a Eurípides es también fiel a su tópico perfil de hombre *urdidor de intrigas*, en este caso con el fin de eliminar a Neoptólemo.

6. *Tetis*

Curiosa y de gran plasticidad la aparición de esta hija de Nereo, diosa marina, en la última escena de la obra. Conciliadora, animosa, serena, optimista, representa al igual que sucede con otras divinidades traídas «ex machina» a la escena la idea de la *esperanza*, tan grata a los griegos. Después del inesperado desenlace –muerte de Neoptólemo y hundimiento de Peleo– la llegada de Tetis supone el alivio, el consuelo, la luz después del túnel. No se trata de un final feliz sino de una *esperanza* o de un *alivio* que puede dar en cierto modo sentido a una situación dolorosa, triste y negativa. Ese suele ser el sentido de las apariciones del «deus ex machina» en las tragedias de Eurípides. Aquí la esperanza, tiene voz y forma de mujer, y lo que es más importante y más poético, acentos marino. El espectador, que se habrá identificado sin duda con el dolor de Peleo, queda, igual que él, confortado y aliviado con la intervención final de la Nereida.

7. *Sirvienta de Andrómaca*

Entrañable personaje que pone de relieve su *fidelidad* inequívoca a su señora Andrómaca. Esta la llama «compañera de esclavitud», mientras la sirvienta le guarda el tratamiento de «señora». Cumple una de las típicas misiones de este tipo de personajes; proporcionar una información importante al protagonista; se ofrece también a ir en busca de Peleo pese a lo complicado de la situación.

8. *Nodriza de Hermíone*

Igualmente entrañable este personaje típico de la tragedia griega. Su actitud es de *preocupación* constante por su señora. También transmite información, pero en este caso al coro y al público. Narra la situación existente en palacio; dramática y casi límite, pues

Hermíone está a punto de suicidarse. A la agitación y el nerviosismo de ésta –versos cantados– ella opone la serenidad y la calma –versos recitados–. Breve pero importante aparición para intentar recomponer el equilibrio roto en palacio.

9. *Mensajero*

Como en casi todas las tragedias aparece aquí otro personaje típico; el mensajero. Su relato da cuenta de una desgracia que condiciona el desenlace de la obra.

El relato es vivo y detallado. Eso exige del actor que da vida al personaje una dicción clara y unos constantes cambios de ritmo. No se olvide que el mensajero debe trasladar al público a un espacio alejado del escenario; en este caso nada menos que al templo de Apolo en Delfos. Con la voz y con el gesto debe narrar de *forma viva* y *dramática* el atentado contra Neoptólemo y su posterior muerte. Claramente se distinguen en su relato varias partes:

a) Preparación del atentado y descripción del paisaje y del ambiente (1085-1118)

b) Primer ataque del escuadrón armado contra Neoptólemo (1118-1140)

c) Reacción de Neoptólemo y ataque contra sus agresores (1140-1148)

d) Segundo ataque del escuadrón contra Neoptólemo; asesinato (1148-1155)

e) Recogida y recomposición del cadáver por parte del propio mensajero y sus compañeros (1155-1165)

Cada una de ellas exige un tono, un ritmo, una dicción y un gesto diferente, aunque sin perder nunca de vista la *unidad* y la *coherencia* del pasaje.

10. *Coro*

Con un *corifeo* muy cargado de matices en esta obra aparece el coro. Se trata de mujeres de Ptía que adoptan a lo largo de la obra una actitud *distante, fría* y *nada comprometida*. Ni se vuelcan con Andrómaca ni se vuelcan con Moloso, ni se vuelcan con Hermíone. Los textos que tienen a sus cargo no son precisamente unas joyas de la poesía lírica. Insisten sobre la guerra de Troya de forma reiterativa, sea aludiendo al juicio de Paris, sea aludiendo a la contienda en sí. Sólo el tercer estásimo (465-500) parece centrarse en el problema que plantea la acción básica del conflicto, y su opinión al respecto es inequívoca; mejor uno que dos. Imposible un hombre con dos mujeres, ni un timón con dos timoneles, ni una musa con dos poetas, ni una ciudad con dos alcaldes. La voz del coro es ahí clara y se ve culminada por primera y única vez a lo largo de la obra con una condena sin paliativos de la actitud de Hermíone y de Menelao; «impío, injusto, indigno es este asesinato».

Por lo demás contrasta la *tensión* que transmiten los *personajes individuales* con la *frialdad* de que hace gala este coro de mujeres; frialdad rota sólo al final cuando acompañan a Peleo en un llanto fúnebre.

Estructura de la obra

La aparición del anciano Peleo marca la línea divisoria que separa las *dos partes* básicas de que consta la tragedia.

a) *Antes de la aparición de Peleo*

– Prólogo a cargo de Andrómaca.

– Enfrentamiento Andrómaca-Hermíone.

– Aparición de Menelao con Moloso.

– Enfrentamiento Menelao-Andrómaca y lamento de Moloso.

b) *Después de la aparición de Peleo*

–Enfrentamiento Menelao-Peleo; victoria de Peleo y liberación de Andrómaca y Moloso.

– Aparición de Hermíone y encuentro con Orestes.

– Intervención del mensajero narrando la muerte de Neoptólemo.

– Lamento de Peleo y del coro e intervención final de Tetis.

La tensión dramática se relaja de forma notable con la liberación de Andrómaca y Moloso; la acción se complica para el espectador con la aparición inesperada de Orestes y toma un giro insospechado con el anuncio del mensajero y la llegada del cadáver de Neoptólemo.

Significado y pervivencia

Andrómaca junto con *Hécuba* y *Troyanas* nos hablan de las *miserias* de la *guerra* y de sus efectos nefastos especialmente para quienes no toman parte activa en ellas, como son las mujeres. Presentar esas miserias en la piel de la reina Hécuba y de la esposa de Héctor, el caudillo de Troya no hace sino subrayar de forma bien llamativa esa idea principal. Quienes lo eran y lo tenían todo en tiempo de paz quedan sometidas a la esclavitud, a la humillación y al desprecio por parte de los vencedores después de la contienda.

Andrómaca toca un problema muy en boga en nuestros días; *xenofobia* o *racismo* serán palabras de hoy para referirse a la situación de Andrómaca en tierra griega; el coro se encarga de subrayar que es «una *esclava* en *tierra extranjera*» y no parece muy dispuesto a tenderle una mano.

La figura de Peleo quiere romper una lanza en favor de los *ancianos*; juventud anímica en un cuerpo cargado de años; toda una reivindicación de lo que nuestra sociedad ha dado en llamar «la tercera edad».

Por último no debemos olvidar lo que está en el eje de esta tragedia; las relaciones hombre/mujer en el seno de la pareja; las rivalidades femeninas, la importancia de la maternidad –en este caso con especial relevancia para la familia de palacio.

Al margen de cualquier otra consideración que pueda hacerse desde un punto de vista tal vez más filológico –por ejemplo, reivindicación de Atenas frente a Esparta, lo que explicaría el tratamiento del personaje de Menelao– *Andrómaca* toca temas de siempre, y que en la sociedad de nuestros días están plenamente vigentes y no han perdido un ápice de actualidad.

Pese a ello sin embargo es ésta una de las tragedias de Eurípides menos traducidas y menos representadas. Hemos examinado la programación del Festival de Mérida de los últimos treinta años y no aparece. Tampoco en la programación del Teatro Nacional. No nos consta que haya sido puesta en escena por grupos aficionados. En algún caso aislado se ha seguido la versión de Racine. Pero ésta de Eurípides me atrevería a decir que es muy poco conocida por no decir desconocida en España. Si pude servir de consuelo en Grecia se ha representado en los festivales de Atenas y de Epidauro en tres ocasiones 1958, 1963 y 1982. A su vez el Instituto Nazionale del Drama Antico de Siracusa, en Italia sólo la ha incluido una vez en su dilatado repertorio –desde 1914 en años alternos. Fue en 1964.

Sorprende pues que a un título tan conocido *Andrómaca* le cuadre una tragedia tan desconocida. ¿Qué es lo que no gusta de ella? ¿Su trama compleja? ¿Sus personajes tan dispares? ¿La escasa fuerza de sus coros? Sea cual sea la causa pensamos que tanto por los temas que en ella se tratan como por la fuerza dialéctica de sus personajes, y por la complejidad de la acción dramática es sin duda toda una obra de teatro en el más puro y claro sentido de la expresión; teatro de ayer, de hoy y de siempre; pura y simplemente teatro griego.

José Luis Navarro

PUESTA EN ESCENA

1. *Montaje. Coreografía:*

Un año más el grupo de Teatro Griego «Selene» formado por estudiantes de Bachillerato en Madrid está dispuesto a dar vida, si es que alguna vez la perdieron, a los personajes que Eurípides nos ofrece en esta tragedia, representada en el año 425 y pocas veces después.

Es mucha la ilusión que por parte de los estudiantes se pone, pues el llevar a cabo un montaje de Teatro Griego cuenta ya con una tradición de 15 años en el I.E.S. Carlos III.

Y así cuando un alumno se matricula en la asignatura de Griego, lo digo por experiencia, cuenta con la secreta esperanza de poder subirse al escenario.

En *Andrómaca* el montaje ha sido complejo porque la acción es compleja. La fuerza está en los personajes principales: Hermíone, Andrómaca, Menelao y Peleo. No así en el coro al que he intentado sacar el máximo partido.

No hay que perder de vista que en esta tragedia el coro no puede jugar un papel tan relevante como en otras, citemos por ejemplo *Los Persas, Euménides, Suplicantes* de Esquilo dónde nótese, todas ellas llevan el nombre en plural del coro. Aquí el coro aparece más desdibujado. No toma partido por Andrómaca pero tampoco se muestra en su contra. Es un equilibrio bastante difícil de plasmar en la puesta en escena. Hay que buscar la simbiosis entre el texto y los silencios.

El coro se compone de 12 coreutas más un corifeo. Todas ellas mujeres de la ciudad de Ptía, en Tesalia.

Se trata de un coro inspirado en el folklore griego que plasman sus discretas impresiones a través de una serie de recitados acompañados de movimientos sencillos que conectan en todo momento con el sentido del texto y de la estética.

La utilización del círculo y el semicírculo son pasos ineludibles en nuestro escenario. El primero nace aquí con el sentido de acoger a la esclava Andrómaca en torno al altar de la marina Tetis, situado en el centro del escenario. El segundo para no perder de vista que los teatros griegos eran circulares. Esto último es tarea difícil de realizar en nuestros escenarios actuales.

Otras figuras geométricas como las cruces en forma de aspa, división del coro en dos semicoros o la línea recta son empleados en diferentes momentos.

El coro desempeña una función que se aproxima más a la estética y a subrayar ciertas ideas que a la función participativa.

2. *Vestuario y Atrezzo*

No son pocos los personajes que se han tenido que vestir para dar vida a la tragedia de *Andrómaca*. Esto ha supuesto el tener que documentarse profundamente. Al menos eso he intentado yo y, a pesar de no saber si lo he conseguido queda el orgullo de haberlo hecho única y exclusivamente, que no es poco, en Grecia.

El coro de mujeres tiene, como ya he señalado, mucho de folklórico: el traje, el velo y muchos de sus gestos y movimientos. El color negro, fiel reflejo de la tragedia envuelve a estas mujeres tesalias.

Andrómaca viste con un sencillo traje largo de pliegues y ajustado a la cintura con un cordón. El color elegido ha sido el granate. Es ahora cuando he de señalar el cuidado que se ha tenido al elegir los colores. Hay que planearlos en conjunto, pues es el primer paso que se ha de dar a la hora de configurar todo el vestuario. Aquí juegan un papel especialmente importante, al menos en el de las dos mujeres protagonistas.

Andrómaca viste el símbolo de la *sangre*, pero *no* de la *muerte* sino de todo lo contrario: la vida. Es la sangre que ha corrido por sus entrañas para poder parir a sus dos hijos.

Hermíone, por su condición viste más lujosa, con un traje de dos piezas, una sobre otra. El color elegido ha sido el *verde* por aquello de la *esperanza*, esa esperanza suya de dar a luz hijos para su marido.

Menelao lleva una casaca atada a la cintura y un pantalón; sobre todo ello, una especie de abrigo largo o sayo que refleje su realeza y a la vez dé sobriedad al personaje masculino.

De un modo parecido se ha vestido a Peleo, sólo que cambiando las dos piezas por una túnica larga. Interesa más de este personaje su aspecto físico, pues ha sido necesario transformar a un joven en anciano. Para ello se han necesitado dos elementos básicamente: maquillaje para envejecer el rostro y una barba.

De Orestes dice el texto «... He aquí que un extranjero de aspecto extraño...» (vv. 879-880). Se ha entendido este «extraño» como chocante, vestido de un modo diferente. Tal vez porque la moda de Micenas debía de ser diferente a la de Tesalia. Esto es difícil de reflejar en el vestuario que siempre se asienta sobre una base sencilla pero para ello se echa mano de otros elementos como la pasamanería.

Las esclavas y nodrizas visten de un modo simple, parecidas a Andrómaca que ha pasado a formar parte de su condición.

El hijo de Andrómaca también comparte al igual que los personajes masculinos su atuendo de dos piezas. Del mismo modo el mensajero que viene a relatarnos la muerte de Neoptólemo.

Esta aparente monotonía se rompe al pensar en el atuendo de Tetis, según Hesíodo, una de las titánides, hija de Gea y Urano, destinada a tener un hijo más poderoso que su padre: Aquiles.

Es evidente que ha de tratarse de un personaje singular, de una belleza también singular. Suerte la mía de haber encontrado a la persona exacta.

La marina Tetis, como no podría ser de otra manera, viste de color azul un vestido vaporoso impregnado de estrellas de mar y conchas, como si de las mismísimas aguas emergiese. Desde su altar preside el conflicto de estas dos mujeres. Hecho curioso si tenemos en cuenta que ella personifica la fecundidad «femenina» del mar. Sobre su cuerpo cuelgan también unas redes de color amarillo. De nuevo el color, símbolo aquí de la morada de Tetis que suele situarse en el extremo occidental, más allá del país de las Hespérides, en la región en donde cada atardecer el Sol termina su curso.

Hay que señalar también algunos objetos que deben ser utilizados si se atiende al texto.

El altar de la marina Tetis como centro escénico durante toda o casi toda la duración de la tragedia.

La diadema de oro de Hermíone y el velo, aludidos en el texto. El primero en el v. 146 y el segundo en el v. 831.

Las ligaduras de Andrómaca, el cetro de Peleo (v. 588), aquí utilizado a su vez como bastón. La espada con la que Hermíone intenta suicidarse (v. 814) y el lecho de muerte cubierto todo él de ramas de olivo y en el que descansa el cuerpo de Neoptólemo.

Para el coro he escogido dos elementos que subrayan dos acciones del texto. El primero los velos negros que cubren los rostros de las mujeres de Ptía al acompañar la procesión fúnebre.

Y el segundo, a mi entender el más simbólico, son las *correas* cuya función es doble: se ven y se oyen. Subrayan además de las ligaduras de Andrómaca, las múltiples alusiones que hay en el texto del yugo y el degüello.

Como se puede ver, llegados al final, no ha sido fácil la puesta en escena pero si se quiere hacer un trabajo serio hay que buscar para descubrir y sorprenderse una vez más en esta fuente inagotable que es el Teatro Griego.

Gemma López Martínez

Eurípides

Andrómaca

PERSONAJES

Andrómaca

Sirvienta

Hermíone

Menelao

Peleo

Tetis

Coro

Corifeo

Orestes

Hijo de Andrómaca

Nodriza

Mensajero

Altar con estatua de Tetis, divinidad marina, esposa de Peleo y madre de Aquiles.

Junto a ella, en actitud que denota cansancio y abatimiento aparece Andrómaca.

ANDRÓMACA

¡Ciudad de Tebas, orgullo de la tierra de Asia!, de donde yo salí un día con atavíos de lujoso oro, para llegar a la mansión real de Príamo, dada a Héctor como esposa fecunda; yo, Andrómaca, antaño envidiada y hoy en cambio mujer más desdichada que ninguna, [de las de antes, de las de ahora]; yo, que vi a mi esposo muerto por manos de Aquiles y al hijo que di a luz para él a Astianacte precipitado desde las torres empinadas una vez que los griegos tomaron la llanura de Troya.

Yo, sí, yo, tenida por una mujer de las familias más libre, volví a Grecia como esclava, entregada al isleño Neoptólemo como lo más selecto del botín de guerra capturado en Troya.

Vivo en las llanuras aledañas a esta tierra de Ptía y a la ciudad a Farsalia donde vivía la marina Tetis en compañía de Peleo al margen del bullicio ciudadano. El pueblo tesalio lo llama «recinto de Tetis» pues en él se celebró la boda de la diosa.

Ahora, ocupa esta casa el hijo de Aquiles quien permite a Peleo ser soberano de Farsalia pues no quiere empuñar el cetro mientras viva el anciano.

Y yo, tras unirme a mi señor, al hijo de Aquiles, he dado a luz en estas mansiones a un hijo varón.

Antes aun bañada en desgracias me animaba la constante esperanza de que podría encontrar en mi hijo, si lograba salvarse, un baluarte y un remedio de mis males.

Pero una vez que mi amo casó con la laconia Hermíone tras rechazar mi lecho de esclava soy objeto de un acoso implacable por su parte.

Anda diciendo que valiéndome de fármacos secretos la hago estéril y odiosa a su marido y que no quiero más que habitar esta casa en vez de ella, derribando con violencia su matrimonio. Conste que yo al principio no acepté ese lecho de buen grado y que ahora lo tengo por completo abandonado. Sépalo bien Zeus; que no me uní a este lecho por propia voluntad.

Pero no hay forma de convencerla, y quiere matarme con la colaboración de su padre Menelao. Por cierto, que ahora está en palacio luego de viajar desde Esparta para este asunto. Presa de temor he venido a refugiarme a este cercano recinto sagrado de Tetis por si pudiera impedir mi muerte. Pues Peleo y los descendientes de Peleo lo veneran como testigo que fue de la boda de la Nereida.

Y al que es ahora mi único hijo lo he enviado a escondidas en secreto a otras mansiones, porque temo que pueda morir; pues quien lo engendró, como no está ahora a mi lado, ni me puede proteger a mí ni a mi hijo; se marchó a la región de Delfos, donde paga a Apolo la justa compensación a su locura; pues no se le ocurrió en tiempos otra cosa que ir a Delfos y pedirle explicaciones a Apolo por la muerte de su parte.

A ver si al menos ahora, perdonado ya de sus faltas de antaño puede atraerse el favor del dios para el futuro.

[Aparece en escena asustada la sirvienta de Andrómaca]

SIRVIENTA

¡Señora! –yo al menos no rehuyo el llamarte con este nombre; muy digna de él te consideraba en tu palacio cuando habitábamos la llanura de Troya; siempre te fui fiel a tí y a tu esposo cuando vivía–.

Pues bien; ahora vengo a darte nuevas noticias; y lo hago con miedo por si se entera alguno de los señores y con compasión por tí; sí; Menelao y su esposa están tramando acciones terribles contra tí; y tienes que ponerte en guardia frente a ellas.

ANDRÓMACA

Ay, compañera de esclavitud queridísima, pues eres hoy compañera de esclavitud de quien antaño fuera tu señora y hoy en cambio es una pobre desgraciada. ¿Qué van a hacer? ¿qué tejemanejes se traen entre manos sin más intención que matarme a mí desgraciada, mil veces desgraciada?

SIRVIENTA *[vacilando]*

A tu hijo, desdichada, a tu hijo es a quien intentan asesinar; a tu hijo al que sacaste fuera de palacio.

ANDRÓMACA

¡Ay de mí! Saben algo de mi hijo, al que saqué de aquí pero ¿dónde y cuando se han enterado? ¡Ay desdichada de mí! ¡Estoy perdida!

SIRVIENTA

No lo sé; yo me he enterado por ellos de lo siguiente; que Menelao ha dejado su palacio y ha salido a buscarle.

ANDRÓMACA

¡Ahora sí que estoy perdida! Hijo mío; esos dos buitres te cogerán y te matarán, pues además tu padre resulta que está todavía en Delfos.

SIRVIENTA

En mi opinión, desde luego no lo estarías pasando tan mal si aquel estuviera aquí, pero lo cierto es que estás sola, sin amigos.

ANDRÓMACA

¿Y Peleo? ¿no hay ni un rumor de que haya vuelto ya?

SIRVIENTA

Aunque estuviera aquí es muy viejo ya como para ayudarte.

ANDRÓMACA

Y sin embargo he dado encargo de que le buscaran más de una vez.

SIRVIENTA

¿Acaso crees que alguno de los mensajeros se preocupa por tí?

ANDRÓMACA

¿Cómo dices? ¿Quieres entonces ir tú como mensajera mía?

SIRVIENTA

¿Y qué diré para estar tanto tiempo lejos de casa?

ANDRÓMACA

Eres una mujer, así que podrías encontrar mil trucos para ello.

SIRVIENTA

Mucho ojo que Hermíone es una guardiana de categoría.

ANDRÓMACA

¿Estás viendo? Abandonas a tus amigos en las adversidades.

SIRVIENTA

En absoluto; no vas a poder echármelo en cara porque voy a ir; al fin y al cabo si me sucede alguna desgracia la vida de una esclava no vale mucho.

ANDRÓMACA

Pues marcha ya, que nosotros elevaremos hasta el

éter los lamentos, gemidos y sollozos que no dejan de acompañarnos. Pues por naturaleza, para las mujeres es un alivio de las desgracias que les afligen el poder expresarlas por su boca y por su lengua. Y yo ahora tengo no uno sino muchos motivos de lamento; la ciudad de mi padre, a Héctor ya muerto, y mi cruel destino al que se me unció el día de la esclavitud en la que fui a caer de forma ignominiosa.

En verdad, no se debe llamar feliz a ninguno de los mortales antes de ver cómo llega abajo tras haber pasado su último día.

[Comienza Andrómaca un lamento en dísticos elegíacos]

Paris condujo a Helena hasta un lecho nupcial no como esposa, sino como un auténtico desastre para Troya.

Por su culpa, oh Troya, por su culpa, el rápido Ares con mil naves de guerra te tomó a tí, oh Troya, que fuiste capturada a fuego y lanza.

Y a mi esposo Héctor, mi legítimo esposo, lo arrastró en torno a los muros atándolo a su carro Aquiles, el hijo de la marina Tetis. Yo misma fui llevada desde mi dormitorio hasta la orilla del mar y descendió sobre mi cabeza el yugo odioso de la esclavitud.

Muchas lágrimas rodaron por mi rostro al dejar mi ciudad, mi lecho nupcial y a mi esposo tendido en el suelo cubierto de polvo. ¡Ay, pobre de mí! ¿Qué necesidad tenía yo de seguir viendo la luz como esclava de Hermíone?

Abrumada por ello, ante esta imagen de la diosa, suplicante, temblorosa me deshago en llanto como fuente que resbala sobre una roca.

CORO

[Entra en escena el coro compuesto por mujeres de Ptía]

Estrofa 1ª.

¡Mujer que llevas mucho tiempo tumbada
en el recinto sagrado de Tetis
y que te niegas a dejarlo!
Aunque soy de Ptía
he venido hasta tí, mujer de raza asiática
intentando aportar alguna solución para tus males;
males que tienen mala solución
y que en disputa odiosa
os tienen enzarzadas a tí y a Hermíone,
en común desgracia
por doble matrimonio con el hijo de Aquiles.

Antístrofa 1ª

Conoce tu suerte;
calibra la presente desgracia a que has llegado
¿Con tus señores de linaje lacedemonio rivalizas
tú, una mujer troyana?

Abandona el recinto de la diosa marina que acoge a los rebaños
¿De qué te sirve así, tan aturdida,
agotar gota a gota tu cuerpo ultrajado
por oponerte a tus señores?
El poder acabará por imponérsete
¿Por qué sufrir tan duros sufrimientos
tú, una mujer que nada eres?

Estrofa 2ª

¡Vamos! Abandona la brillante mansión de la Nereida
y sé consciente de que eres una esclava
en tierra extranjera
en ciudad ajena
en la que no ves a ninguno de tus seres querido.
Ay de tí, desgraciada muchacha, mil veces desdichada.

Antístrofa 2ª

Cuando llegaste a las mansiones de mis amos
compasión me inspirabas, tú, una mujer troyana.
Pero por miedo, ahora ni tan siquiera rechistamos
y eso que compartimos tus dolores
no sea que la hija de la hija de Zeus
piense que nos ponemos de tu lado.

HERMÍONE

[Altanera y radiante entra en escena Hermíone]

Esta lujosa corona de oro que adorna mi cabeza y este vestido de vivos colores que embellece mi cuerpo no son precisamente obsequios de la casa de Aquiles o de Peleo que venga yo a lucir ahora. No; mi padre Menelao es quien los ha traído de la laconia Esparta y me los regala junto con abundante dote; así puedo tener libre mi boca.

Por lo tanto voy a contestaros con los siguientes argumentos:

Tú, que eres una esclava y una mujer comprada como trofeo de guerra quieres expulsarnos de esta casa y apoderarte de ella.

Debido a tus pócimas me estoy atrayendo el odio de mi marido y por tu culpa se me está echando a perder mi vientre sin fruto. ¡Ay! ¡qué ideas tan siniestras tienen las mujeres de Asia para este tipo de cosas!

Yo te voy a apartar de ellas, y de nada va a servirte esta mansión de la Nereida, ni el altar, ni el templo, porque vas a morir.

Pero si alguno de los dioses o de los mortales quiere salvarte no tienes más remedio que agacharte, olvidar tus pasadas actitudes arrogantes y, de rodillas ante mí, fregar mi palacio esparciendo con tu mano rocío del Aqueloo en cubos con remaches de oro; y además sé consciente de en qué lugar de la tierra estás. Porque aquí no hay Héctor ni Príamo ni oro que valga sino una ciudad griega.

Has llegado hasta tal punto de inconsciencia que tienes la osadía, desgraciada, de acostarte con el hijo del asesino de tu marido y encima de tener hijos de él. Así es toda la estirpe de los bárbaros; el padre se amanceba con la hija, el hijo con la madre, la hermana con el hermano, los seres queridos van desapareciendo de esta tierra asesinados, y no hay ley alguna que lo impida. Conque, no vengas a introducir esas costumbres entre nosotros. Porque no está bien que un hombre tenga las riendas de dos mujeres. Fíjate bien; quien no quiere vivir de forma indecorosa ama con la vista puesta en una sola Afrodita patrona del lecho nupcial.

CORIFEO

¡Qué envidioso es el corazón femenino, y qué hostil siempre contra quienes comparten un hombre en matrimonio!

ANDRÓMACA

¡Ay, ay! ¡Qué mala cosa es para los mortales la juventud y qué mala cosa en la juventud el hombre que sostiene ideas que no son justas. Mucho me temo que por ser tú esclava me vea privada de poder hablar, aunque estén llenos de razones justas mis argumentos; y mucho me temo también que si triunfan se me acuse precisamente por ello de haber causado más daño. Pues los que respiran aires de grandeza soportan con irritación argumentos más cabales por parte de quienes son inferiores a ellos. En mi caso, sin embargo no se me podrá achacar el haberme traicionado a mi misma.

Dime, jovencita, ¿con qué argumento sólido te he convencido y pretendo apartarte de tu legítimo esposo?

¿Acaso diciendo que la ciudad laconia es inferior a la de los frigios y que como ésta la supera en avatares del destino a mí me ves libre?

¿O que presumiendo de un cuerpo joven y esbelto, de la categoría de mi ciudad y de mis amigos quiero ocupar tu casa ocupando tu sitio? ¿Para qué? ¿Para dar a luz en tu lugar a unos hijos esclavos, triste rémora para mí? ¿O es que alguien consentirá que mis hijos sean reyes de Ptía si no los das tú a luz? ¿Qué? ¿Por Héctor precisamente me quieren los griegos? ¿Qué era yo, acaso una mujer gris y no la reina de los frigios?

Entérate bien: tu marido no te desprecia por mis fármacos sino porque da la casualidad de que no sabes convivir con él; también eso es un fármaco, que a los maridos no les gusta la belleza sino las cualidades de una mujer.

Cuando tienes una contrariedad, entonces sí, la ciudad de Esparta es algo importante; en cambio, Esciros, la tierra de tu marido te parece insignificante. Eres rica entre quienes no son ricos y Menelao es para tí más importante que Aquiles. Así que por todo esto te odia tu marido. Pues conviene que una mujer aunque sea entregada a un mal esposo lo ame con respeto y que no entre a rivalizar con él a ver quien es más orgulloso. Y si hubieras tenido por marido a un rey en Tracia, cubierta por la nieve, donde un solo hombre se une y comparte el lecho por turno con varias mujeres, qué, ¿las habrías matado? Caso de hacerlo habría quedado en evidencia que atribuyes a las mujeres un deseo de cama insaciable. Cosa vergonzosa por cierto. Y eso que sin lugar a dudas pasamos esta enfermedad mucho peor que los hombres aunque sabemos arreglárnoslas bastante bien.

¡Ay queridísimo Héctor! Compartía contigo el amor de buen grado incluso cuando Afrodita te hacía tener algún desliz, y en muchas ocasiones ofrecía este pecho a tus bastardos a fin de no causarte ningún problema. Y al actuar así me atraía a mi esposo precisamente con mi virtud. Tú en cambio siempre recelosa no dejas que se acerque a tu marido ni una gota de lozano rocío. No busques, mujer superar en pasión por los hombres a la que dio a luz, pues es muy conveniente que los hijos sensatos rehuyan los comportamientos de sus malvadas madres.

CORIFEO

Señora, hasta donde te sea fácil hacerlo, déjate convencer e intenta con argumentos llegar a un acuerdo con ella.

HERMÍONE

¿A cuento de qué con estas palabras tan rimbombantes te enzarzas en un certamen dialéctico como si fueras tú la que es sensata, en cambio mis argumentos insensatos?

ANDRÓMACA

Los que esgrimes ahora, desde luego, así son.

HERMÍONE

Mujer, no irás a trasplantarme ahora tu sensatez.

ANDRÓMACA

Por tu propio natural, eres joven y no hablas más que de temas vergonzosos.

HERMÍONE

Pues tú no hablas sino que ejecutas contra mí acciones vergonzosas en cuanto puedes.

ANDRÓMACA

¿No vas a llevar en silencio tu dolor por lo referente a los temas de Afrodita?

HERMÍONE

¿Y qué? ¿No son ellos en todas partes lo primero para las mujeres?

ANDRÓMACA

Sí, al menos para las que hacen de ellos un uso correcto; si no, no está bien.

HERMÍONE

Nosotros no regimos la ciudad según las costumbres de los bárbaros.

Andrómaca

Lo vergonzoso encierra vergüenza tanto allí como aquí.

Hermíone

¡Cuánto sabes, cuánto sabes! Pero a pesar de todo debes morir.

Andrómaca

¿Estás viendo la estatua de Afrodita que tiene su mirada puesta en tí?

Hermíone

Será que odia a tu patria por el asesinato de Aquiles.

Andrómaca

Helena, tu madre, le hizo perecer, no yo.

Hermíone

Pero bueno, ¿es que vas a seguir hurgando en mis desgracias?

Andrómaca

Muy bien; cierro la boca y no digo palabra.

Hermíone

Habla al menos del asunto que me ha traído aquí.

Andrómaca

Digo *yo* que *tú* no tienes la sensatez que deberías tener.

Hermíone

¿Es que no te vas a marchar del recinto sagrado de la diosa marina?

ANDRÓMACA

Si veo que no voy. a morir me iré; si no no me iré de aquí jamás.

HERMÍONE

Pues eso está ya acordado y no voy a esperar hasta que llegue mi marido.

ANDRÓMACA

Tampoco yo pienso entregarme a tí antes.

HERMÍONE

Voy a traer fuego contra tí y no pienso analizar tus argumentos...

ANDRÓMACA

Pues muy bien incendia que los dioses al punto lo sabrán.

HERMÍONE

...Y contra tu piel dolores causados por terribles heridas.

ANDRÓMACA

Venga, córtame la cabeza y mancha de sangre el altar de la diosa que irá inmediatamentc cn pos de tí.

HERMÍONE

Oh tú, criatura bárbara, testaruda y atrevida; ¿vas a afrontar la muerte con entereza? Pues bien yo voy a hacer que te levantes de esos escalones ahora mismo por las buenas, tengo un buen cebo para tí. Pero... voy a esconder mis palabras y los hechos pronto hablarán por sí solos. Quédate, quédate ahí postrada que aunque plomo fundido en torno tuyo te retuviera yo haré que te levantes antes de que llegue el hijo de Aquiles en quien has depositado tu confianza.

ANDRÓMACA

Sí; en él confío; es prodigioso que una divinidad haya establecido para los hombres remedios contra reptiles salvajes. Sin embargo contra lo que está más allá que la víbora y el fuego contra una mujer malvada, todavía nadie ha descubierto hasta ahora una medicina; un mal tan grande somos para los hombres.

CORO

Estrofa 1ª

Sin duda a grandes pesares dio comienzo
el día en que al valle del Ida llegó el hijo de Zeus y de Maya;
conducía el carro de los dioses tirado por tres potros de hermoso yugo
bien pertrechado para el odioso certamen de belleza,
hacia los aposentos del boyero
cerca de un joven pastor solitario
y de un patio desierto y con brasero.

Antístrofa 1ª

Cuando las diosas llegaron al valle boscoso
empaparon sus cuerpos rutilantes

en corrientes de manantiales montaraces,
y marcharon después hasta el hijo de Príamo
rivalizando en palabras a cual más insensata.

Y al final triunfó Cipris con su verbo engañoso
agradable al oído
pero amarga confusión de la vida
para la ciudad de los frigios, desdichada
y para los alcázares de Troya.

Estrofa 2ª

Ojalá hubiera arrojado por encima de su cabeza
al malvado Paris
la que lo dio a luz
ante de que hubiera habitado las grutas del Ida.

Entonces, junto al laurel divino
Casandra gritó que lo mataran,
baldón de la ciudad de Príamo.
¿A quién no recurrió?
¿A cual de los ancianos del pueblo
no suplicó que diera muerte a la criatura?

Antístrofa 2ª

No habría venido sobre las troyanas
el yugo de la esclavitud
y tú, mujer, tendrías tu morada en las mansiones de los reyes.

Habría evitado su muerte
dolorosos sufrimiento de la Hélade

que afrontaron con sus lanzas los jóvenes
por espacio de diez años en torno a Troya.

Jamás habrían quedado vacíos los lechos
ni faltos de hijos los ancianos.

[En estado de gran excitación aparece Menelao. Viene con Moloso, el hijo de Andrómaca y Neoptólemo]

MENELAO

Aquí traigo a tu hijo al que hiciste poner a buen recaudo en otra casa a espaldas de mi hija. En el fondo creías que te salvaría esta imagen de la diosa y a éste quienes le habían ocultado. Pues, ya ves, mujer; has resultado ser bastante menos inteligente que Menelao –aquí presente–.

Y si no abandonas estas gradas y las dejas libres inmediatamente, el degollado será *él* y no *tú*. Así que sopesa si prefieres morir tú o que sea éste quien perezca a causa de la ofensa que cometes contra mí y contra mi hija.

ANDRÓMACA

¡Oh fama, fama! A montones de hombres que no son nada les has dado una existencia henchida con aires de grandeza.

A quienes gozan de una buena reputación basada en la verdad sí las considero felices. Pero desde luego no me parece lógico que la mantengan quienes gozan de buena reputación basada en la mentira; al fin y al cabo su sensatez es superficial, fruto de la casualidad.

Así por ejemplo, tú, un cobarde consumado, ¿le quitaste Troya a Príamo al frente de una Troya escogida de griegos?

¿Tú, que te das esos aires por las palabras de tu hija, a fin de cuentas una pura y simple niña y que has entablado discusión con una pobre mujer esclava? Ni te considero a tí digno de Troya ni a Troya digna de tí.

Algunos que parecen ser sensatos lo son sólo en apariencia, porque por dentro son iguales a todos los hombres; si destacan por algo es por el dinero, que ese sí que es poderoso.

Pero, en fin, Menelao; prosigamos hasta el final con nuestros argumentos.

Veamos. Yo he muerto a manos de tu hija y ella me ha aniquilado. Pues bien ya nunca jamás podría evitar la ignominiosa mancha del crimen. Incluso tú tendrías que defenderte ante la gente por este asesinato pues al haber colaborado no te quedará otro remedio. Supón que yo logro evitar la muerte; ¿mataréis entonces a mi hijo? Y aún más; ¿cómo crees quc va a reaccionar el padre ante la muerte de su hijo? Por lo menos a él Troya no le considera tan cobarde. Irá hasta donde tenga que ir –y se verá que es capaz de hazañas dignas de Peleo y de Aquiles, su padre– y expulsará de estas mansiones a tu hija.

Y tú cuando se la des a otro en matrimonio, ¿qué dirás? ¿Acaso que su talante sensato la lleva lejos de un mal esposo? Pronto se enterará de que no es así. Además ¿quien se va a querer casar con ella? ¿O es que piensas tenerla metida en casa soltera como si fuera una viuda canosa? ¡Ay, pobre hombre! ¿no ves el torrente de males que se te viene encima? ¿No preferirías que tu hija fuera ultrajada por un montón de concubinas antes que le pueda ocurrir lo que te digo? No hay que aplicar grandes remedios a pequeños males ni tampoco por el hecho que las mujeres seamos un mal nefasto tienen que parecerse los hombres a las mujeres en su manera de ser.

Pues si, como ella en persona anda diciendo por ahí, doy fármacos a tu hija y la hago abortar, yo misma, espontáneamente y no a la fuerza ni postrada ante el altar me someteré a juicio ante tu yerno, para quien soy igualmente culpable de un daño no menor al propiciar que no tenga hijos. Yo soy así. Tus intenciones en cambio...

Una cosa temo de tí; que precisamente también por una discordia por causa de una mujer arruinaste la ciudad de los frigios.

CORIFEO

Siendo mujer has hablado demasiado contra hombres y desde el arco de tu mente se ha disparado lejos la flecha de la sensatez.

MENELAO

Mujer; todo esto son menudencias impropias, como dices, de mi monarquía y de Grecia. Que te quede claro que la necesidad más acuciante del momento es para cada uno más importante que tomar Troya. Así que yo, como entiendo que es importante que te veas privada de marido, voy a hacer causa común con mi hija. Porque una mujer podía aguantar todo lo demás, pero sin fracasa con su marido, fracasa en la vida. Lo suyo es que él mande sobre mis esclavos y que mis familiares y yo también mandemos sobre los de él. Pues entre amigos que sean amigos de verdad no existen posesiones particulares sino que los bienes son comunes.

Y desde luego si yo no voy a resolver mi problema lo mejor posible por esperar al ausente es que soy tonto y no listo.

Conque, levántate del recinto sagrado de la diosa, de modo que si mueres tú este niño pueda esquivar su destino, pero si tú te niegas a morir, entonces lo mataré yo. Pues para uno de los dos es absolutamente forzoso decir adiós a la vida.

ANDRÓMACA

¡Ay de mí! Me estás poniendo entre la espada y la pared.

Si tengo suerte me espera la tristeza y si no la tengo, la desgracia.

Oh tú, que aplicas grandes remedios a males insignificantes; Hazme caso. ¿Por qué me matas? ¿Por qué razón? ¿A qué ciudad he traicionado? ¿a cual de tus hijos he dado muerte yo? ¿que mansión he incendiado? A la fuerza me acosté con mi señor. Y ahora ¿me vas a matar a mí y no a él que es el culpable de esta situación? Dejas a un lado lo que está al principio y te vas al final, a lo que viene después.

¡Ay de mis males! ¡Ay pobre patria mía! Que terribles sufrimientos estoy pasando. ¿Qué necesidad tenía yo de parir y de añadirle doble carga a la carga de mis males?

Yo, que presencié el asesinato de Héctor arrastrado por el carro y el espantoso incendio de Ilión. Yo que embarqué como esclava en las naves de los argivos, arrastrada por mi cabellera. Y una vez que llegué a Ptía paso a ser esposa de los asesinos de Héctor. ¿Qué placer, pues, voy a encontrar en vivir? ¿A qué punto debo mirar? ¿A los avatares de entonces o a los de ahora?

Este hijo era el único rayo de luz que me quedaba en la vida. Y se disponen a matarlo unos hombres a quienes eso les parece bien. Pues ¡no! si es para que salve yo mi pobre vida, ¡no! En él radica mi esperanza, si se salva y para mí es un oprobio no morir por mi hijo.

¡Mira! Abandono ya el altar y me pongo en tus manos; deguéllame, mátame, encadéname, estrangúlame.

¡Hijo mío! Yo, la que te parió se marcha al Hades para que tú no mueras. Si logras escapar al funesto destino, acuérdate de tu madre, de los enormes dolores que sufrió. Y a tu padre, le besas, le cubres de lágrimas, le echas los brazos al cuello y le cuentas lo que hice.

Pues para todos los hombres los hijos son el aliento de la vida. Quien no lo entiende porque no los tiene, sufre menos pero paga por su tranquilidad el precio de su desgracia.

CORIFEO

Al oirte te he compadecido, pues dignos de compasión son las desgracias para todos los mortales aunque uno sea ajeno a ellas.

Menelao; deberías hacer llegar a un consenso a tu hija y a ésta, a ver si se libera de sus pesares.

MENELAO

¡Esclavos! Cogedme a ésta, atadle las manos, que va a tener que oír palabras nada amistosas. Yo, con el fin de que dejaras puro el altar de la diosa, te puse como pretexto la muerte de tu hijo; con ello te he hecho llegar a mis manos para degollarte. Que te quede claro que esta es la situación en lo que a tí se refiere. Con respecto a este hijo tuyo, mi hija decidirá si quiere matarlo o no matarlo. Y ahora entra en palacio, para que aprendas, como esclava que has resultado ser, a no insurrectarte nunca contra personas libres.

ANDRÓMACA

¡Ay de mí! alevosamente me has seducido; he sido vilmente engañada.

MENELAO

Proclámalo a los cuatro vientos, que yo no lo negaré.

ANDRÓMACA

¿Entre vosotros las gentes del Eurotas son éstas actitudes conscientes?

MENELAO

Sí y también entre las gentes de Troya; que quienes han sufrido se venguen.

ANDRÓMACA

¿Crees que lo divino no es divino y que ya no tiene justicia?

MENELAO

Cuando llegue el momento lo afrontaré. Ahora, voy a matarte.

ANDRÓMACA

¿También a esta criatura arrebatándola de debajo de mis alas?

MENELAO

Por mi parte, no; pero a mi hija, si quieres se lo entregaré para que lo mate.

ANDRÓMACA

¡Ay de mí! ¿por qué entonces no voy a lanzar por tí profundos gemidos?

MENELAO

La esperanza que le espera no es precisamente muy fundada.

ANDRÓMACA

¡Oh habitantes de Esparta, los más odiosos de los mortales para todos los hombres, pérfidos consejeros, señores de mentiras, maquinadores de desgracias, mentes retorcidas capaces de trastocarlo todo; de qué modo tan injusto os vais pavoneando por toda Grecia!

¿Qué es lo que no se da entre vosotros? ¿Acaso no innumerables asesinatos? ¿Acaso no lucros vergonzosos? ¿Acaso no se os sorprende constantemente diciendo una cosa con la lengua y pensando otra?

¡Que os parta un mal rayo!

Que para mí la muerte no es tan pesada como te parece. Las desgracias de antaño me hicieron perecer, cuando fue tomada la desdichada ciudad de los frigios y con ella mi esposo, el ilustre Héctor, que con su lanza en muchas ocasiones te convirtió en marinero vulgar en vez de soldado de tierra firme. Y eso sí; ahora, presumiendo ante una mujer como si fueras un hoplita formidable quieres matarme. Pues mátame, que ni a tí ni a tu hija os voy a dar el gusto de presumir a costa mía, porque tú de por sí ya eres importante en Esparta y yo, por lo menos en Troya. Y no te frotes las manos ahora porque esté yo pasando este mal trance, porque exactamente lo mismo podría sucederte a tí.

CORO

Estrofa 1ª

Jamás. Nunca jamás elogiaré
matrimonio de un mortal con dos mujeres
ni hijos nacidos de dos madres
discordias familiares y amargos disgustos.
Que en mis bodas
limite mi marido sus amores a un único lecho
nupcial no compartido

Antístrofa 2ª

Tampoco; tampoco en las ciudades
son los gobiernos dobles más llevaderos que los de un solo hombre
carga sobre carga
y exasperación ciudadana
Y hasta las Musas se complacen
en provocar enfrentamiento
entre dos vates que componen un himno

Estrofa 2ª

Cuando rápidos vientos impulsan a los marineros
criterios dobles de reflexión en los timones
y multitud de expertos reunida
resulta ser más débil
que una inteligencia inferior, pero con libertad to-
tal de decisión.

Cuando palacios y ciudades
anhelan encontrar prosperidad
el poder debe ser de un solo hombre

Antístrofa 2ª

Lo ha puesto de relieve esta mujer laconia
hija de Menelao, caudillo del ejército,
pues furiosa llegó contra su rival en el lecho,
e intenta matar a la desdichada muchacha troyana
y a su hijo por una discusión descabellada
Impío, injusto, indigno, es este asesinato
Aun te alcanzará, señora venerable, el castigo
merecido por tus actos.

[Ante la puerta de palacio aparecen Andrómaca y su hijo con las manos atadas azuzados por Menelao]

CORIFEO

Estoy viendo delante de las puertas a esta pareja tan unida, cuya muerte ha sido decretada. Desdichada mujer, y pobrecillo tú, hijo, que mueres por el matrimonio de tu madre, sin tener nada que ver en ello, inocente a los ojos de los señores.

ANDRÓMACA

Aquí me llevan bajo tierra con las manos cubiertas de sangre y atadas con nudos.

HIJO

Madre, madre yo también te acompaño abajo al cobijo de tus alas.

ANDRÓMACA

Lúgubre sacrificio, oh nobles de la tierra de Ptía.

HIJO

¡Padre! ¡Ven en ayuda de los tuyos!

ANDRÓMACA

Hijo del alma yacerás sobre los senos de tu madre, cadáver bajo tierra con cadáver.

HIJO

¡Pobre de mí! ¡Ay de mí! ¿Qué va a ser de mí? Desgraciado yo y tu también, madre.

MENELAO

Id ambos bajo tierra pues vinisteis aquí desde alcázares enemigos. Los dos vais a morir por dos razones absolutamente irreversibles; a tí te va a liquidar mi voto y a tu hijo mi hija Hermíone. Que es una enorme insensatez dejar vivos como enemigos a los hijos de los enemigos, cuando se les puede eliminar perfectamente y aliviar el miedo de las casas.

ANDRÓMACA

¡Oh esposo, esposo, ojalá tuviera por aliadas tu mano y tu lanza hijo de Príamo!

HIJO

¡Pobre de mí! ¿qué canto podría encontrar yo que pudiera alejarme de la muerte?

ANDRÓMACA

Suplica, hijo, postrándote a las rodillas del señor.

HIJO

¡Amigo, amigo, líbrame de la muerte!

ANDRÓMACA

Tengo los ojos empapados en lágrimas; goteo como fuente sin sol sobre una roca lisa, ¡ay desdichada de mí!

HIJO

¡Ay de mí! ¡Pobre de mí! ¿qué ingenioso remedio contra mis desgracias podría yo encontrar?

MENELAO

¿Por qué te postras ante mí como si suplicaras a una roca marina o a una ola? Para los míos reporto grandes ventajas pero por tí no tengo cariño alguno; desgastando una parte importante de mi vida capturé Troya y a tu madre; disfrutando de ella vas a bajar al Hades subterráneo.

[A lo lejos aparece excitado el anciano Peleo]

CORIFEO

¡Eh! Acabo de ver a Peleo que moviendo sus pies de anciano se acerca sin embargo presuroso.

PELEO

A vosotros os pregunto y a quien está a punto de consumar el sacrificio ¿Qué es esto? ¿Qué significa esto? ¿Es que se ha vuelto loco el palacio? ¿Por qué? ¿Qué vais a hacer? Vais a hacer algo que no habéis sopesado lo suficiente. ¡Quieto, Menelao! No tengas prisa; no te asiste la justicia.

[A un servidor] Vamos, llámame rápido; me parece que la situación es urgente. *[Hablando para sí]* ¡a ver si recobro las fuerzas que tenía de joven!

¡Vamos! Primero voy a insuflarle ánimo a ésta como si fuera un viento de popa que impulsa las velas. A ver. ¿Con qué derecho te llevan estos a tu hijo y a tí con las manos atadas? Ausentes de palacio tu señor y yo, tú estás a punto de perecer, como una oveja que cobija a su cordero.

ANDRÓMACA

¡Ay anciano! Ya lo ves. Estos me llevan con mi hijo a la muerte ¿Qué te puedo decir? No uno sino mil avisos te mandé. Seguro que sabes la discordia que reina en palacio por causa de la hija de éste y también por qué motivo voy a morir. Ahora me llevan tras haberme expulsado del altar de Tetis la que te dió un hijo de noble linaje, a la que tú tanto veneras, sin haberme juzgado, sin esperar a quienes están lejos de palacio, sabedores de mi desamparo y del de este niño, que de nada es culpable, y al que van a matar conmigo, desdichada.

Pero te suplico anciano, postrándome ante tus rodillas –pues no me es posible tocar tu queridísima barba con las manos– por los dioses, sácame de este apuro.

Porque si no, anciano, moriremos sí, de forma ignominiosa para vosotros y lamentable para mí.

PELEO

Antes que alguien tenga que lamentarlo, os ordeno soltar sus ligaduras y liberar sus manos dobladas.

MENELAO

Pero lo prohíbo yo, alguien no inferior a tí y desde luego mucho más amo y señor de ésta que tú.

PELEO

¿Cómo? ¿Es que vas a venir aquí a gobernar mi casa?

¿No tienes bastante ya con gobernar en Esparta?

MENELAO

Yo, la capturé y la traje de Troya como prisionera; yo.

PELEO

Pero fue el hijo de mi hijo quien la tomó como botín de guerra.

MENELAO

¿Y qué? ¿No es lo mío suyo y lo suyo mío?

PELEO

Para obrar bien, sí, pero no para obrar mal y desde luego en absoluto para matarla con violencia.

MENELAO

¡Nunca me vas a arrebatar a ésta de mis manos!

PELEO

¿Tendré que golpearte con el cetro hasta ensangrentar tu cabeza?

MENELAO

Acércate y pégame si quieres.

PELEO

¿Qué clase de hombre eres tú, el más vil, hijo de hombre viles?

¿Cómo se te puede clasificar de hombre? Tú, que te viste privado de tu esposa a manos de un Frigio, porque dejaste tu palacio sin cerrojos, sin esclavos, como si tuvieras en él a una mujer recatada y no a las más sinvergüenza de todas. Ni aunque quisiera podría ser recatada una joven espartana de esas que abandonan sus hogares y se dedican a competir en carreras y palestras junto con los muchachos, con los muslos al aire y los peplos sueltos; yo desde luego no puedo soportar ese espectáculo. ¿De qué hay que extrañarse entonces si no formáis mujeres recatadas?

A Helena habría que preguntárselo, que tras abandonar tu palacio se marchó de picos pardos a otro país con un jovencito.

Y luego, ¿por ella precisamente reclutaste un ejército tan nutrido de griegos y lo condujiste hasta Ilión?

Por ella no deberías haber empuñado una lanza, sino haberle escupido al descubrir lo sinvergüenza que era y haberla dejado allí, pagando incluso con tal de no tener que volverla a admitir en palacio.

Pero como los vientos de tu mente no apuntaban precisamente en esa dirección, hiciste que perecieran muchos hombres de bien, dejaste en las casas a ancianos huérfanos de sus hijos y arrebataste a padres canosos hijos en la flor de la vida. Uno de esos, precisamente soy yo.

Te fulmino con la mirada como si fueras un espíritu nefasto asesino de Aquiles. ¡Tú, el único que volviste de Troya sin un rasguño!, tus preciosísimas armas en sus preciosísimos estuches; ¡igual que te las llevaste las trajiste!

Ya le aconsejaba yo a mi hijo en vísperas de su boda que ni entablara parentesco contigo ni recibiera en palacio el mal brote de una mujer malvada; pues sin lugar a dudas, ese tipo de mujeres sacan a relucir los defectos de sus madres. Jóvenes que tenéis intención de casaros. ¡Hacedme caso! tomad por esposa a la hija de una madre excelente.

Pero además de todo esto, ¿hasta qué grado de insolencia contra tu hermano has llegado que fuiste capaz de ordenarle sacrificar a su hija de la manera más simple? ¡Vaya si tenías miedo de no recuperar a tu pérfida esposa! Y después de tomar Troya –sí, sigo tus andanzas hasta allí– no mataste a tu mujer cuando la tenías al alcance de la mano, sino que nada más ver su pecho, dejaste caer al suelo la espada, aceptaste sus caricias y te deshiciste en arrumacos con esa perra traidora porque por tu propia naturaleza eres totalmente vulnerable a los encantos de Afrodita, ¡tú, sinvergüenza!

Y para colmo llegas a casa de mi hijo e intentas arrasarla mientras él está fuera y te dispones a dar muerte de forma ignominiosa a una pobre mujer y a su hijo; pues aunque fuera tres veces bastardo, entérate bien, te hará llorar a tí y a tu hija, la que está en palacio.

Desde luego muchas veces una tierra yerma da más fruto que otra fértil y muchos hijos bastardos son mejores que los legítimos. En fin ¡llévate a tu hija! Para los mortales es mayor timbre de gloria tener por suegro y amigo a un hombre pobre pero honrado que a uno rico pero malvado. Y tú desde luego no eres nada.

CORIFEO

La lengua de los hombres termina haciendo de una charla intrascendente una trifulca en toda regla. Y los hombres sabios tienen esto muy en cuenta; toman precauciones para no indisponerse con sus amigos.

MENELAO

¿En qué cabeza cabe decir que son sabios los viejos incluso quienes antaño han parecido sensatos a los griegos? Toma nota tú, Peleo, nacido de padre ilustre, que has entablado parentesco conmigo; estas diciendo toda una serie de ignominias y ofensas para tí y para mí por una mujer bárbara, a la que deberías expulsar más allá de las corrientes del Nilo, en los confines del Fasis al tiempo que deberías invitarme sin parar a que haga yo lo mismo con ella; al fin y al cabo es una mujer del continente en el que han caído cadáveres sin cuento de Grecia muertos por la lanza, y que además se ha manchado con la sangre de tu hijo. Si, porque Paris que mató a tu hijo Aquiles era hermano de Héctor y ésta la esposa de Héctor.

Y tú vas y entras con ella bajo el mismo techo y te parece lógico que pase su vida compartiendo la mesa contigo, y permites encima que dé a luz en palacio a hijos detestables.

Y cuando yo, anciano, sabiendo muy bien lo que me hago, hago ademán de matarla, me la quitan de las manos.

Pero sigamos adelante, que no tengo ningún reparo en tocar el tema; si resulta que mi hija no da a luz y en cambio de esa nacen hijos, ¿qué harás? ¿instaurarlos como soberanos de esta tierra de Ptía y que pese a ser de estirpe bárbara manden sobre los griegos?

¿O sea que soy yo, el que no está en sus cabales porque odio lo que no es justo y tú en cambio sí?

Piensa además lo siguiente. Imagina que entregas a tu hija a uno de los ciudadanos y le pasa una cosa igual ¿te habrías estado sentadito sin decir ni pío? Me parece que no. ¿Y por una extranjera vas por ahí poco menos que ladrando a quienes –quiéraslo o no– somos tus amigos?

Igual fuerza tienen un hombre y una mujer cuando ella recibe ofensas por parte de su marido y exactamente igual cuando un hombre tiene en casa a una mujer casquivana. Sí, sí; el hombre tiene gran fuerza en sus manos y los asuntos de la mujer están en manos de sus padres y sus amigos ¿No es justo, entonces que yo intente ser útil a los míos? Un viejo, eso es lo que eres; un viejo.

Referente a mi mando sobre el ejército me harías un gran favor hablando más que callando al respecto. Helena lo pasó mal pero muy a su pesar; los dioses fueron los culpables y éso fue lo más grande que le pudo pasar a Grecia, porque pese a ser los griegos inexpertos en el manejo de las armas y de la batalla, se lanzaron por la senda del valor, pues la práctica es para los mortales la maestra de todas las cosas.

Y si yo al llegar a la vista de mi mujer me contuve y no la maté no hice sino dar pruebas de sensatez.

Tampoco habría querido yo que tú mataras a Foco. En fin; te he replicado con prudencia y sin acritud. Si aún así te irritas, más te va a doler la lengua; a mí en cambio me va mejor la previsión.

CORIFEO

¡Ya basta! Lo mejor que podéis hacer es poner fin a tantas sandeces, no vayáis a caer en el error los dos a la vez.

PELEO

¡Ay de mí! ¡Qué malas costumbres hay en Grecia!

Cuando un ejército levanta trofeos sobre los enemigos nadie se para a pensar que tras ellos está el esfuerzo de muchos hombres, sino que es el general quien se cuelga las medallas, él, uno más entre una inmensa multitud, que blande su lanza; no hace nada más que ningún otro y sin embargo tiene más fama que nadie. Instalados en sus cargos les halagan todos en la ciudad y piensan que son más importantes que el pueblo cuando realmente no son nadie. Las gentes son mil veces más sabias que ellos si son capaces de aunar el arrojo y la decisión.

Pues bien, exactamente igual tú y tu hermano estabais sentaditos presumiendo de Troya y de vuestras fuerzas armadas, crecidos a costa de las penalidades y fatigas de otros.

Ya te voy a enseñar yo a no tener jamás a Paris del Ida por un enemigo inferior a Peleo si no te largas inmediatamente de esta casa tú y tu hija estéril a la que el que ha nacido de mi hijo empujará por las estancias del palacio arrastrándola de los pelos; ella, una ternera estéril que no tiene hijos no soporta que otras den a luz.

Pero porque el asunto de los hijos le vaya mal ¿debo dejaros sin hijos?

Largaos bien lejos de ella, esclavos, para que vea bien si alguien va a impedirme desatar sus manos.

[Dirigiéndose a Andrómaca]

¡Levántate tú misma! Pues yo, tembloroso aún, voy a soltar los nudos retorcidos de las correas [*A Menelao*]

¿Así has dañado, canalla, las manos de ésta? ¿Qué esperabas sujetar un buey o un león con las correas? ¿O es que temías que pudiera coger una espada y hacerte frente?

[Dirigiéndose a Moloso]

Refúgiate en mis brazos, muchacho y ayúdame a desatar a tu madre. Yo te educaré en Ptía en un inmenso odio a estos.

Tened esto bien claro; el día que les falte a los espartanos la fama de su lanza y el arrojo en la batalla, no son nada, porque en lo demás no son superiores a nadie.

CORIFEO

Indómita es la raza de los viejos y no es posible defenderse de ella cuando la mueve una aguda cólera.

MENELAO

Proclive al insulto excesivo, como eres, te dejas llevar y me insultas. Pues yo, que vine a Ptía a la fuerza no pienso hacer ni a sufrir ninguna sandez.

Y ahora –no tengo tiempo que perder– me vuelvo a mi casa. Pues lejos de Esparta no hay ni una, ni una ciudad; la que antes era amiga ahora se comporta de forma hostil.

Volveré para atacarla al frente de un gran ejército y someterla bajo mi yugo; cuando organice los asuntos de allí a mi criterio, entonces volveré. Así, en persona y ante mi yerno cara a cara expondré mis razones y haré que me expongan las suyas. Y caso que decida castigar a ésta y comportarse con nosotros en el futuro de forma sensata, recibirá de nuestra parte un trato sensato. Pero si se enfada, tropezará con nuestro enfado. Como nos trate, así le trataremos nosotros.

Porque desde luego tus palabras las aguanto bien; por voz para replicarme tienes una sombra, incapaz de otra cosa que no sea más que hablar y hablar.

[Arrogante como de costumbre se retira Menelao]

PELEO *[Dirigiéndose a Moloso y a Andrómaca]*

Ven hijo, al abrigo de mi brazo y guíame. Y tú también, desdichada, pues tras padecer un salvaje temporal has llegado a buen puerto a cobijo del viento.

ANDRÓMACA

¡Ay, anciano! Que te favorezcan los dioses a tí, y a los tuyos, a tí que has salvado a mi hijo y a mí, desventurada.

Pero estate atento no sea que apostados en la soledad del camino éstos me rapten a la fuerza, viéndonos a tí viejo, a mí, débil y a este niño pequeño. Tenlo en cuenta no sea que escapemos ahora y nos capturen después.

PELEO

No introduzcas aquí palabras cobardes propias de mujeres. ¡Adelante! ¿quién os pondrá la mano encima? Si lo hace, lo lamentará pues merced a los dioses mando en Ptía sobre una multitud de jinetes y de hoplitas. Estoy bien tieso y no viejo, como crees, pues me basta con mirar a un individuo así y erigir un trofeo sobre él, aunque sea yo un anciano.

Pues un viejo con ganas de vivir puede ser más fuerte que muchos jóvenes, porque ¿de qué sirve un cuerpo fuerte si se es cobarde?

CORO

Estrofa 1ª.

Ojalá nunca hubiera nacido,
y si naciera
ojalá fuera hijo de padres excelentes
y compartiera los bienes abundantes de una casa
Pues cuando a alguien le ocurre algo imprevisto
hay un apoyo siempre para los hombres de linaje;
De aquellos cuya cuna excelente se propaga
son siempre los honores y la fama.
El tiempo no borra el recuerdo de los hombres ilustres;
su virtud resplandece, incluso cuando han muerto.

Antístrofa 2ª.

Vale más no lograr una victoria
que lleve inherente mala fama
que derribar la justicia
con fuerza y con envidia.
Eso es lo que les gusta a los hombres de momento
pero luego se marchita
y degenera en un baldón para su casa.
El tipo de vida que alabo y que llevo es
el siguiente.

Que no haga valer nunca su fuerza
ni en tálamos ni en ciudades
ningún poder al margen de Justicia.

Epodo

¡Oh anciano hijo de Eaco!
Me consta que en el bando de Lapitas
te enfrentaste a la lanza muy famosa de Centauros;
y que a bordo de la nave Argos
en la famosa expedición
sobre un mar adverso
atravesaste las Simplégades;
y también que regresaste a Europa
con la aureola de gloria colectiva
haya ya tiempo,
cuando el hijo de Zeus
rodeó con muralla de muerte
la famosa ciudad de Troya.

NODRIZA *[Con semblante preocupado aparece en escena la Nodriza de Hermíone]*

¡Ay mujeres queridas! ¡Cómo se cumple en este día una desgracia que sucede a otra desgracia! Ahora resulta que la señora, –a Hermíone me refiero– abandonada por su padre y pesarosa por lo que ha hecho intentando dar muerte a Andrómaca y a su hijo, quiere morir; tiembla de miedo a su esposo, no sea que por sus hechos resulte ignominiosamente expulsada de palacio o que muera por intentar dar muerte a quienes no debía.

A duras penas, cuando intentaba ahorcarse la detienen los servidores que cuidan de ella y tirando de la espada que blande en su mano derecha logran quitársela.

Así de arrepentida está y es consciente de que lo que hizo antes no está bien.

Porque yo, amigos, estoy cansada de apartar a mi señora del nudo corredizo. Vosotros, entrad en palacio y libradla de la muerte, pues cuando se presentan amigos nuevos son más persuasivos que los de siempre.

CORIFEO

¡Ay! Estamos escuchando en palacio el grito de los criados ante la misma situación que tú acabas de contarnos. Al parecer la desdichada se dispone a hacer ver sus remordimientos fruto de sus terribles acciones. Así es; sale de palacio escapando a las manos de los criados con un enorme deseo de morir.

HERMÍONE *[Totalmente desencajada aparece en escena Hermíone]*

Estrofa a

Me arrancaré a tirones mis cabellos
y abriré surcos lacerantes con mis uñas

NODRIZA

¡Hija mía! ¿qué vas a hacer? ¿Vas a ultrajar tu cuerpo?

HERMÍONE

Antístrofa a

¡Ay, ay, ay, ay!
¡Velo sutil! Vete por los aires, lejos de mis trenzas.

NODRIZA

¡Hija! Cúbrete el pecho, átate el peplo.

HERMÍONE

Estrofa b

¿Por qué debo cubrirme el pecho con el peplo?
Contra mi esposo he cometido acciones manifiestas, evidentes y no ocultas.

NODRIZAS

¿Te duele haber tramado la muerte para la otra mujer de tu matrimonio?

HERMÍONE

Antístrofa b

Lamento la funesta osadía en que incurrí
Ay, maldita, maldita yo para los hombres.

NODRIZA

Te perdonará esta falta tu esposo.

HERMÍONE

La espada...
¿por qué me la quitaste de la mano?
Devuélvemela, amiga, devuélvemela
para que echada sobre ella me la clave
¿por qué me apartas de los nudos?

NODRIZA

¿Qué pretendes? ¿Qué te deje morir si te dejo a tu aire cuando no estás en tus cabales?

HERMÍONE

¡Ay, ay, ay, de mí! ¡Ay de mi destino!
¿Dónde está mi amiga la llama del fuego?
¿Dónde las rocas a las que treparé
bien en la mar o en selva montaraz
para que se ocupen de mí, cuando muera,
los dioses del mundo subterráneo?

NODRIZA

¿Por qué te torturas así? las desgracias que los dioses envían a los mortales antes o después acaban por llegar.

HERMÍONE

Me abandonaste, me abandonaste, padre
sola en la orilla
falta de remo marino.
Me destrozará, me destrozará.
Ya nunca más viviré bajo este techo nupcial
¿A qué estatua acudiré suplicante?
¿O me postraré, esclava, ante rodillas de una esclava?
Ojalá fuera yo ave de alas azuladas
para volar lejos de Ptía
o la quilla de pino,
aquella primera embarcación
que atravesó las Rocas Azuladas.

NODRIZA

¡Ay hija! Ni me pareció bien tu desmesura cuando ofendías a la mujer troyana ni me parece bien tampoco el miedo excesivo que tienes ahora. Tu marido no va a romper el parentesco contigo dejándose convencer por las palabras fatuas de una mujer bárbara; a tí no te tiene como una de las prisioneras de Troya, sino por haberte tomado con abundante dote como hija que eres de un hombre excelente y de una ciudad no medianamente próspera.

Y además, hija, tu padre no permitirá, tal y como tú temes, que te expulsen de este palacio después de haberte traicionado.

Pero entra dentro y no te des a ver delante de palacio, no sea que provoques algún insulto, hija, si llegas a ser vista delante de estas mansiones.

CORIFEO

Aquí viene hacia nosotros un extranjero de tez extraña que va de viaje y avanza con paso ligero.

[Con aire presuroso llega Orestes]

ORESTES

¡Mujeres extranjeras! ¿es este el palacio de Aquiles, y éstas las dependencias reales?

CORIFEO

Bien lo has sabido. Pero, ¿quién eres tú, que haces estas preguntas?

ORESTES

El hijo de Agamenón y Clitemnestra. Mi nombre es Orestes. Voy al oráculo de Zeus en Dodona. Pero ya que estoy en Ptía me parece lógico saber algo acerca de una mujer pariente mía, si es que está viva y le va bien a la espartana Hermíone, pues aunque vive en unas llanuras alejadas de nosotros, la queremos.

HERMÍONE *[Le cambia el semblante al oír a Orestes]*

¡Oh puerto que te apareces ante los marineros en la tormenta, hijo de Agamenón! Por tus rodillas te suplico; ten piedad de mí; ya ves las desgracias que me aquejan y en qué situación tan mala me encuentro. Tiendo a tus rodillas mis brazos que tienen tanta fuerza como las cintas rituales de los suplicantes.

ORESTES

¡Eh! ¿Qué es esto? ¿Me equivoco o estoy viendo aquí sin ninguna duda a la soberana del palacio, a la hija de Menelao?

HERMÍONE

Sí; justamente a la única a la que una mujer hija de Tindareo, Helena, dio a luz en casa de mi padre. Sábelo todo.

ORESTES

¡Oh Febo salvador! Ojalá pongas remedio a sus sufrimientos ¿Qué sucede? Las desgracias que sufres, ¿vienen de los dioses o de los mortales?

Hermíone

Unas de mi parte, y otras del hombre que me posee, y otras aún de parte de alguno de los dioses. Por todas partes estoy perdida.

Orestes

Veamos, ¿Qué desgracia podría sucederle a una mujer, cuando aún no ha tenido hijos, que no sea algo referente al matrimonio?

Hermíone

Precisamente ahí radica mi enfermedad; me has puesto en bandeja el confesarlo.

Orestes

¿Acaso tu esposo ama a alguna compañera de lecho en vez de a tí?

Hermíone

Sí, a la prisionera que compartía el lecho de Héctor.

Orestes

Cosa mala has dicho, que un hombre comparta el lecho con dos mujeres.

Hermíone

Pues es así y por eso tiene que defenderme.

Orestes

¿Y tramaste contra esa mujer las cosas que trama una mujer?

Hermíone

Sí, la muerte para ella y para su hijo bastardo.

ORESTES

¿Y las mataste o alguna circunstancia te lo impidió?

HERMÍONE

El anciano Peleo que defiende a los que son más malvados.

ORESTES

¿Y tenías a alguien que colaborara contigo en este asesinato?

HERMÍONE

Sí, mi padre que vino desde Esparta precisamente para eso.

ORESTES

Entonces, ¿es que ha sido derrotado en la pelea por el anciano?

HERMÍONE

Sí, aunque le ha vencido el respeto y no la fuerza. Se ha marchado y me ha dejado sola.

ORESTES

Comprendo; temes a tu esposo por lo que has hecho.

HERMÍONE

Lo has comprendido. Me aniquilará con toda justicia ¿a qué decirlo? Pero te lo ruego, invocando a Zeus protector de los miembros de una misma familia; mándame lo más lejos posible de esta tierra o al palacio de mi padre. Me da la impresión de que este palacio tiene voz y me expulsa de aquí y de que la tierra de Ptía me odia. Si mi marido tras marcharse del oráculo de Febo llega antes a palacio me matará de forma ignominiosa. Y si no seré esclava de lechos bastardos de los que antes era dueña y señora.

Alguien podría decirme ¿cómo cometiste semejante error? Las visitas de malvadas mujeres me perdieron, pues excitaban mi orgullo con palabras como estas: «¿Vas a aguantar que esa prisionera, una sirvengüenza redomada esclava en tu palacio, participe del lecho contigo? ¡No por Hera soberana. En mi casa, al menos, jamás disfrutaría de mi lecho viendo el resplandor del sol!».

Y yo escuchando estas palabras de Sirenas me dejé impulsar por el viento de la estupidez. Pues, ¿a cuenta de qué vigilar a mi esposo, yo que tenía todo lo que necesitaba? Sí; era inmensamente rica, era dueña y señora de palacio, podría haber dado a luz hijos legítimos, y ella en cambio bastardos semiesclavos de los míos.

Pero nunca, nunca, –lo digo y lo repito– nunca los hombres sensatos que tienen mujer deberían permitir que las mujeres visiten a la esposa que se queda en casa, porque son sin duda maestras de males. Una por conseguir alguna ganancia arruina el matrimonio; otra como ha tenido algún desliz quiere que comparta con ella la misma enfermedad; otros muchas movidas por la lascivia...

En fin; por eso enferman las casas de los hombres. A la vista de ello, proteged bien las puertas de vuestras casas con llaves y cerrojos, porque las salidas fuera que hacen las mujeres no llevan consigo nada sano sino al revés muchas y muy malas desgracias.

CORIFEO

Has soltado demasiado la lengua contra las de tu misma naturaleza. En fin, se te puede perdonar pero en cualquier caso es necesario que las mujeres disimulen las enfermedades femeninas.

ORESTES

Qué sabio el que enseñó a los mortales a escuchar los argumentos de los contrarios.

Pues yo conociendo la confusión que hay en palacio y el conflicto entre tú y la mujer de Héctor, permanecía a la expectativa por si decidías quedarte aquí o por si aterrada por el asesinato de la mujer prisionera, quieres verte libre de este palacio.

He venido no tanto por obediencia a tus cartas sino por si me dabas, como me has dado, una razón para sacarte de este palacio. Pues siendo mía antes vives con este hombre por la maldad de tu padre, que, antes de invadir el recinto de Troya, te entregó a mí como esposa pero después te prometió a quien te posee ahora, si es que lograba saquear la ciudad de Troya.

Pero después que volvió aquí el hijo de Aquiles, perdoné a tu padre y a él le supliqué que se olvidara de tu matrimonio al tiempo que le contaba mis desventuras y mi destino en aquel momento: que yo podría casarme con la hija de hombres amigos pero que con una de fuera no sería fácil, ya que estaba desterrado de mi casa, sufriendo el exilio.

El se puso muy insolente y se dedicó a insultarme por el asesinato de mi madre y por las diosas de pies ensangrentados. Y yo, resignado, me dolía, me dolía de las adversidades de mi casa, pero aguantaba las desgracias y sin poder casarme contigo me tuve que volver a mi pesar.

Pero ahora, como parece que se te viene el mundo encima y que en tal situación estás sin ideas, te sacaré del palacio y te pondré en manos de tu padre; el parentesco es sin duda algo formidable y en las desgracias no hay nada mejor que un pariente amigo.

HERMÍONE

De todos los asuntos referentes a mi boda ya se preocuparán mis padres, y no es asunto mío el opinar. Así que mándame cuanto antes lejos de este palacio no sea que mi marido se anticipe y llegue antes a la casa o que el anciano Peleo, si se entera de que abandono el palacio salga en mi persecución a caballo.

Orestes

En lo que a la mano del anciano se refiere, tranquila. Y no tengas miedo del hijo de Aquiles; de qué forma tan insolente se ha comportado conmigo. Pues le tengo preparada por esta mano mía una trampa a base de inamovibles lazos de muerte; no voy a explicarla de antemano, pero cuando se ejecute hasta la roca délfica lo sabrá.

[Señalándose a sí mismo]

El matricida, si siguen en pie en tierra pítica los juramentos de mis amigos de guerra le enseñará a no casarse con ninguna de las que me correspondían a mí. De un modo muy amargo le va a exigir justicia por la muerte de su padre el soberano Apolo. Y de nada le va a servir cambiar de opinión a la hora de rendir cuentas al dios, sino que va a perecer de mala muerte por obra del dios y de mis intrigas. Va a conocer mi odio. Porque una divinidad trastoca el destino de los enemigos y no les da la oportunidad de sacar a relucir su orgullo.

Coro

Estrofa 1ª.

Oh Febo que cubriste con torres
la bien amurallada colina de Troya
y tú, rey del ponto

que con negros corceles
conduces tu carro
por las aguas saladas.
¿ofrecéis a Ares, amante de la lanza
estas murallas obra de vuestras manos
y dejáis a su suerte después a Troya, desdichada, desdichada?
¿por qué?

Antístrofa 1ª.

Montones de carros de nobles corceles uncisteis
a la ribera del Simunte
y provocasteis rivalidad sangrienta de guerreros carente de coronas.
Los reyes descendientes de Ilo, aniquilados
se han perdido para siempre,
y el fuego del altar
ha dejado de alumbrar en Troya
con el humo de aromas en honor de los dioses.

Estrofa 2ª.

Para siempre se ha ido el Atrida
a manos de su esposa
y ella a su vez pagó el asesinato
con su muerte a manos de sus hijos.
Del dios, del dios llegó el dictado del oráculo
que implicaba un castigo para ella
cuando llegó de Argos pisando en las recónditas mansiones
el hijo de Agamenón, ...el matricida...

¡Oh dioses!, ¡oh Febo! ¿cómo voy a ser yo consciente de ello?

Antístrofa 2ª.

Y por las plazas de los helenos
muchas mujeres entonaban lamentos quejumbrosos
por sus pobres, sus pobres hijos
y las esposas abandonaban sus hogares
en pos de otro marido.
Y esos tristes dolores les vinieron encima
no solo a tí ni a tus amigos.
Una epidemia ha asolado Grecia, una epidemia,
que se ha propagado a los fértiles campos de los frigios
como un huracán destilando sangre de Hades.

[Reaparece Peleo, nuevamente en estado de ansiedad]

PELEO

Mujeres de Ptía, dadme la información que os solicito. Pues me he enterado de una noticia poco clara; que la hija de Menelao se ha ido sin querer saber nada de este palacio. Y yo vengo presuroso para informarme de si eso es verdad. Pues conviene que quienes quedan en casa se preocupen de la suerte de sus seres queridos que se encuentran ausentes.

CORIFEO

Peleo, bien lo has oído. No está bien que oculte las

desgracias en las que me hallo inmersa. Sí, la señora se ha marchado lejos de este palacio.

PELEO

¿Qué clase de miedo hizo presa en ella? Detállamelo.

CORIFEO

El miedo a su esposo, no fuera a expulsarla de palacio.

PELEO

¿Acaso por sus intenciones criminales con respecto al niño?

CORIFEO

Sí, y por miedo a la mujer prisionera.

PELEO

¿Y abandona el palacio en compañía de su padre, o de quién?

CORIFEO

El hijo de Agamenón se la ha llevado lejos de este país.

PELEO

¿Y qué esperanza anhela ver hecha realidad? ¿Es que desea casarse con ella?

CORIFEO

Sí, y además anda tramando la muerte para el hijo de tu hijo.

PELEO

¿Con algún tipo de engaño o yendo a la lucha a pecho descubierto?

CORIFEO

En el recinto sagrado de Apolo y con la ayuda de los habitantes de Delfos.

PELEO

¡Ay de mí!; esto es tremendo, sin duda ¿Es que no va a ir alguien a toda prisa a la mansión de la Pitia a informar a nuestros amigos que se encuentran allí de lo que está sucediendo aquí antes de que el hijo de Aquiles muera a manos de sus enemigos?

MENSAJERO *[En estado de gran agitación irrumpe en escena el Mensajero]*

¡Ay, ay, ay de mí, ay, ay!

¡Pobre de mí! Qué desgracias tan tremendas vengo a anunciarte a tí, anciano y a los amigos de mi señor.

PELEO

¡Ay, ay! Algo en mi interior barrunta malas noticias.

MENSAJERO

Anciano Peleo, entérate, no existe ya el hijo de tu hijo. De tal magnitud son las heridas que le han causado los habitantes de Delfos y el extranjero de Micenas.

CORIFEO

¡Ay, ay, ay, ay! ¿Qué haces, anciano? No te caigas. Ven, levántate.

PELEO

Nada soy. Estoy hundido. Me he quedado sin voz y no me responden los huesos.

MENSAJERO

Escucha lo que ha sucedido por si quieres vengar a tus amigos, y endereza tu cuerpo.

PELEO

¡Destino mío! ¡Qué mal te portas conmigo en el último tramo de mi vida! ¡pobre de mí! ¿Cómo ha muerto el hijo único de mi único hijo? Explícamelo, que pese a todo quiero oír lo que no debería oír.

MENSAJERO

Después de llegar al famoso recinto de Febo, empleamos tres días llenándonos los ojos de tanto mirar. Y desde luego había algo sospechoso. Toda una masa que vivía en el recinto al dios se agrupaba en corrillos y en grupos.

El hijo de Agamenón iba de un lado para otro susurrando al oído de unos y otras palabras intrigantes. ¿No veis a ese hombre que anda entrando en las cuevas del dios plagadas de oro, tesoros ofrecidos por los mortales? ¿No os dais cuenta de que está aquí por segunda vez y con el mismo propósito que la vez anterior, y que intenta arruinar el templo de Apolo? Y a partir de entonces una especie de corriente maligna se iba propagando por la ciudad. Los magistrados que llevaban la sala de reuniones del Consejo y en particular los encargados de custodiar las riquezas del dios colocaron una patrulla de vigilancia en las salas rodeadas de columnas.

Nosotros, que aún no estábamos bien enterados de todo aquello cogimos unos corderos que pacen en las faldas del Parnaso y nos situamos junto al brasero del altar en compañía de los introductores de peregrinos y de los adivinos píticos. Y alguien dijo lo siguiente: Joven, ¿qué debemos pedirle al dios por tí? ¿Por qué motivo has llegado hasta aquí? Y él respondió: «Nuestra intención es ofrecerle a Apolo la debida reparación por nuestra falta anterior; sí, en cierta ocasión le pedí que me hiciera justicia por la muerte de mi padre».

Entonces cobró todo su valor el relato de Orestes en el sentido de que mi señor mentía, pues lo que realmente temía eran sus intenciones inconfesables.

Penetra en lo más recóndito del templo como si fuera a realizar una plegaria a Febo ante el lugar donde se dan los oráculos. Se coloca delante del fuego sagrado. Un pequeño escuadrón de hombres armados de espadas se acaba de situar a su lado.

Todo eso lo maquinaba Orestes, el hijo de Clitemnestra. Neoptólemo estaba de frente, realizando una plegaria al dios.

Ellos, provistos de dagas bien afiladas apuñalan a traición al hijo de Aquiles que no puede defenderse.

Retrocede, pues por suerte no había resultado herido de gravedad. Desenvaina acto seguido la espada y tras arrancar de los clavos una armadura que había allí cerca colgada se puso en pie sobre el altar como un hoplita; daba miedo verlo. A grito increpa a los hijos de los Delfios: ¿Por qué me matáis a mí que he venido con intenciones piadosas? ¿Por qué razón voy a perecer?

Nadie de entre los muchísimos que allí había respondió; por el contrario le lanzaban piedras a puñados.

Triturado por tan tupida granizada intentaba protegerse con sus armas y estaba atento para prevenir nuevos ataques extendiendo el escudo con su brazo a diestro y siniestro. Pero todo era en vano. Al revés, muchos proyectiles a un tiempo, dardos, jabalinas con correa en medio, dardos sueltos de punta doble, cuchillos de degollar toros, volaban delante de sus pies. ¡Habrías visto las terribles danzas guerreras de tu hijo al intentar esquivar los proyectiles!

Pero como lo tenían prácticamente cercado y no le daban respiro, él tras abandonar el ara del altar en el que se reciben y humean las víctimas y dar con todo el impulso de sus pies un enorme salto, avanza contra ellos. Y ellos como palomas que han visto a un halcón, se dieron a la fuga volviendo la espalda.

Muchos iban cayendo revueltos tanto por las heridas como por los pisotones que se propinaban corriendo por caminos estrechos. Un impío griterío dentro de un recinto tan piadoso hizo retumbar a las mismísimas rocas. Por un momento quedó en calma mi señor, allí plantado, radiante con sus armas relucientes.

Hasta que alguien desde lo más recóndito del santuario dio un terrible y espantoso grito, con el que incitó a todo el grupo armado a volver a la lucha.

Entonces el hijo de Aquiles cae herido en un costado por un puñal de punta afilada, a manos de un hombre de Delfos que le dio muerte con ayuda de otros muchos. A medida que iban cayendo al suelo, unos le herían con la espada, otros lo remataban a pedradas. Todo su cuerpo, tan hermoso, ha quedado destrozado por causa de unas heridas salvajes. A él, que yacía ya cadáver junto al altar, lo arrojan lejos del recinto en el que se recibe a las víctimas. Y nosotros recogiendo sus miembros a toda prisa con nuestras manos, aquí te lo traemos para que te deshagas en sollozos y lamentos por él, anciano, y le des honores como merece con un sepulcro de tierra.

Estos son los daños que ha causado Apolo, el soberano que imparte justicia a los demás, el juez de los derechos de todos los hombres al hijo de Aquiles mientras le rendía justicia; como si de un hombre pérfido se tratara trajo a colación antiguas rencillas, ¿cómo se puede decir entonces que es sabio?

[Avanza el cortejo fúnebre que acompaña al cadáver de Neoptólemo]

CORO

Ya se acerca hasta la casa transportado a hombros desde la tierra de Delfos mi señor. ¡Pobre! todo lo que ha sufrido, y pobre de tí también, anciano, pues estás recibiendo en tu casa al hijo de Aquiles no precisamente como tú quieres. Inmerso en terribles dolores, te ha tocado compartir su mismo destino.

PELEO

Estrofa 1ª

¡Ay de mí! ¡Qué desgracia tan grande estoy viendo; en mis propias manos te recibo dentro de palacio. ¡Ay de mí! ¡ay, ay! ¡Ay, ciudad tesalia!; estoy destrozado por completo; poco a poco me voy consumiendo. Ya no tengo familia, ya no me quedan hijos en palacio. ¡Pobre de mí por mis desgracias! ¿De qué ser querido podré disfrutar? ¿En quién proyectaré la radiante mirada de mis ojos?

¡Ay, boca querida, rostro querido, manos queridas! ¡Ojalá una divinidad te hubiera aniquilado a la ribera del Simunte!

CORO

Así él habría recibido honores después de muerto y tu situación habría resultado bastante mejor.

PELEO

Antístrofa 1ª

¡Boda! Boda nefasta que has aniquilado este palacio y mi ciudad. ¡Ay, ay! ¡Ay, hijo mío!

El nombre nefasto de tu esposa, de Hermíone, una ruina para tí nunca debería haberse abatido sobre mi familia; más le valdría haber perecido antes fulminada por un rayo!

Nunca deberías haberle echado en cara a Apolo su puntería con el arco en la muerte de tu padre, que era sí de estirpe divina. ¡Tú un puro y simple mortal contra un dios!

CORO

Estrofa 2ª

¡Otototototoi! Voy a deshacerme en gemidos por mi señor muerto con el tono de los dioses subterráneos.

PELEO

¡Otototototoi! Pobre de mí; replico a tus gemidos, anciano y desdichado, con mi llanto.

CORO

De un dios es este designio del destino,
un dios ha culminado este desastre.

PELEO

¡Ay hijo querido! Dejaste desierta la casa
¡Ay de mí, ay pobre de mí! solo, viejo
y sin hijos, solo me queda tu ausencia.

CORO

Más te valdría, anciano, haber muerto, haber muerto antes que tus hijos.

PELEO

¿Cómo no voy a arrancarme los cabellos?
¿Cómo no voy a golpear mi cabeza con el golpe funesto de mi mano? ¡Ay ciudad! ¡Apolo me ha privado, uno tras otro, de mis dos hijos!

CORO

Antístrofa 2ª

¡Ay anciano desdichado, que has sufrido y has visto semejantes desgracias! ¿Qué va a ser de tu vida en el futuro?

PELEO

Sólo, sin hijos, sin llegar al colmo de mis desgracias aguantaré mis sufrimientos hasta el Hades.

CORO

La felicidad que te dieron los dioses en tu boda no ha servido para nada.

PELEO

En un voleo se ha ido todo al traste.

CORO

Deambulas solo por las estancias solitarias de palacio.

PELEO

Para mí, ya no existes, ciudad, ciudad; nada eres. ¡Al suelo este cetro! Y tú, hija de Nereo que habitas en los abismos profundos, me vas a ver caído en tierra hundido en la miseria.

[De forma inesperada surge radiante Tetis, esposa de Peleo]

CORIFEO

¡Ay, ay! ¿Qué es lo que acaba de moverse? ¿A qué divinidad estoy distinguiendo? Muchachas; fijaos bien y estad atentas. Una divinidad que cruza por el éter luminoso surca la llanura de esta tierra de Ptía, criadora de caballos.

[Solemne y conciliadora comienza su intervención la hija de Nereo]

TETIS

Peleo; hace tiempo que contraje matrimonio contigo, por eso precisamente vengo yo, Tetis, después de abandonar las moradas de Nereo.

Y lo primero de todo te pido que no te aflijas en exceso por las desgracias que te aquejan. Piensa que yo, que debía dar a luz hijos inmortales perdí para siempre a mi hijo, Aquiles, veloz en la carrera, el más destacado de toda Grecia, al que tú engendraste.

Voy a explicarte el motivo de mi presencia; tú toma buena nota de ello.

A éste que ha muerto, al hijo de Aquiles llévalo hasta el altar de Apolo y entiérralo allí, para que su tumba recrimine a los habitantes de Delfos el violento asesinato sufrido a manos de Orestes.

La mujer prisionera, a Andrómaca me refiero, anciano; es preciso que habite en tierra molosia unida en matrimonio a Heleno el hijo de Príamo. Y también su hijo el único superviviente de la estirpe de Eaco.

A partir de él un rey tras otro gobernarán felices en Molosia; porque ni tu estirpe, ni la mía, ni la de Troya van a ser aniquiladas hasta ese punto; en verdad los dioses se preocupan de ella aunque haya sucumbido por deseo de Atenea.

Y a tí para que tengas constancia de mi agradecimiento por haber compartido el lecho conmigo –siendo yo una diosa e hija de un padre divino– te haré un dios inmortal e imperecedero tras liberarte de las desgracias que aquejan a los mortales. Después vivirás ya para siempre a mi lado en la mansión de Nereo, tú, un dios con una diosa.

Desde allí, sacando del ponto tu enjuto pie, verás a Aquiles hijo tuyo y mío tan querido que tiene su morada isleña en la Costa Blanca en el interior del Ponto Euxino.

Pero acude sigiloso a la ciudad de Delfos fundada por los dioses. Llévate este cadáver, y tras sepultarlo en tierra dirígete a la bahía profunda del viejo acantilado de Sepia y siéntate. Espera a que llegue yo a hacerte compañía luego de tomar el coro de cincuenta nereidas. No hay más remedio que sobrellevar lo que está decretado; tal es el parecer de Zeus. Y no te disgustes ya más por quienes están muertos, pues éste es el decreto que ha sido aprobado por los dioses para todos los hombres; es inevitable morir.

PELEO

¡Soberana! Ilustre compañera de mi lecho, hija de Nereo, ¡Adiós! Actúas como es propio de tí y de tus hijos. Puesto que así lo ordenas, oh diosa, pongo fin a mi tristeza, y tras enterrar a éste voy a dirigirme a los repliegues del Pelión donde cogí con mis manos este cuerpo tan hermoso.

Cualquier persona en su sano juicio, ¿cómo no va a casarse sin lugar a dudas con una hija de padres nobles y a casar a su vez a su hija con personas sensatas en lugar de hacer una mala boda aunque le pueda suponer una dote abundante?

CORO

Muchas son las formas de lo divino
y muchas cosas deciden los dioses contra toda esperanza.
Unas veces lo que se espera no se cumple
y otras una divinidad resuelve una situación contra todo pronóstico.

Así ha sucedido en esta obra.

OTRAS OBRAS DE EDICIONES CLÁSICAS

Teatro Griego

ARISTÓFANES, *Comedias*. Intr., trad. y notas de Luis M. Macía Aparicio. 3 vols. 1993.

Tomo I, *Comedias Políticas (Los Acarnienses, Los Caballeros* y *La Paz*).

Tomo II, *Comedias de la Vida Cotidiana* (*Las Nubes, Las Avispas, Las Tesmoforias* y *Las Ranas*)

Tomo III, *Comedias de Utopía* (*Los Pájaros, Lisístrata, La Asamblea de las Mujeres* y *Pluto*)

ARISTÓFANES, *Los Caballeros*. Adaptación teatral de L. Gil.

ESQUILO, *Agamenón*. Trad. J.M. Alarcón y M. González.

ESQUILO, *Los Persas*. Trad. de J.L. Navarro.

ESQUILO, *Tragedias*. Intr., trad. y notas de F.R. Adrados. 2 vols.

ESQUILO, *Siete contra Tebas*. Trad. de E. Díez-Canedo y C. Rodríguez. Versión de J. Alviz.

EURÍPIDES, *Andrómaca*. Trad. de J.L. Navarro.

EURÍPIDES, *Las Bacantes*. Trad. de R. García Rodero.

EURÍPIDES, *Las Fenicias*. Trad. de J.Mª García López.

EURÍPIDES, *Hécuba*. Trad. de R. García Rodero.

EURÍPIDES, *Hipólito*. Trad. de P. Sáenz Almeida.

EURÍPIDES, *Ifigenia entre los Tauros*. Trad. de A. Martínez.

EURÍPIDES, *Medea*. Trad. de A. Martínez Díez.

EURÍPIDES, *Las Troyanas*. Trad. de J.L. Navarro.

SÓFOCLES, *Antígona*. Trad. de M. Benavente.

SÓFOCLES, *Edipo en Colono*. Trad. de J. Márquez.

SÓFOCLES, *Edipo Rey*. Trad. de F.R. Adrados.

SÓFOCLES, *Electra*. Trad. de M. Benavente.

SÓFOCLES, *Las Traquinias*. Trad. de M. Benavente.

Teatro Latino

PLAUTO, *Anfitrión (o el nacimiento de Hércules)*. Trad. de J.R. Martín Fernández, B. Martín González y R. Doval Salgado.

PLAUTO, *Asinaria*. Trad. de J. Ricardo Martín Fernández, Beatriz Martín González y Raúl Doval Salgado.

PLAUTO, *Aulularia*. Trad. de Pedro Sáenz Almeida.

PLAUTO, *Bacchides*. Edición bilingüe, intr. de J.A. Enríquez, trad. y notas de J.J. Caerols.

PLAUTO, *Cásina*. Trad. de A. Pociña.

PLAUTO, *El sorteo de Cásina*. Trad. de J. Ricardo Martín Fernández, Beatriz Martín González y Raúl Doval Salgado.

PLAUTO, *El Persa*. Trad. de J.L. Arcaz Pozo y A. López Fonseca.

PLAUTO, *Epídico*. Trad. de J.L. Arcaz Pozo y A. López Fonseca.

PLAUTO, *El Truculento o Gruñón*. Trad. de J.L. Arcaz Pozo y A. López Fonseca.

PLAUTO, *Gorgojo*. Trad. de J.L. Sánchez Matas.

PLAUTO, *Los Gemelos*. Trad. de J.A. Enríquez y Ana Nieva.

PLAUTO, *Menaechmi (Gemelos)*. Trad. de J. Ricardo Martín Fernández, Beatriz Martín González y Raúl Doval Salgado.

PLAUTO, *Miles Gloriosus*. Trad. de J. Ricardo Martín Fernández, Beatriz Martín González y Raúl Doval Salgado.

PLAUTO, *Mostelaria*. Trad. de Emilio Flor Jiménez.

SÉNECA, *Medea*. Trad. de C. Borobio Ibarrondo, P. García Madrazo, B. Otto Schneider y L. Sánchez García.

SÉNECA, *Octavia*. Trad. de C. Borobio Ibarrondo, P. García Madrazo y B. Otto Schneider.